神经质组织

引领组织变革的成功之道

[荷] 曼弗雷德·凯茨·德·弗里斯 著
(Manfred F. R. Kets de Vries)
[加] 丹尼·米勒 著
(Danny Miller)
丁丹 译

THE NEUROTIC ORGANIZATION:

DIAGNOSING AND CHANGING COUNTERPRODUCTIVE STYLES OF MANAGEMENT

人民东方出版传媒
People's Oriental Publishing & Media
東方出版社
The Oriental Press

图字：01-2010-6001 号

图书在版编目（CIP）数据

神经质组织：引领组织变革的成功之道／（荷）曼弗雷德·凯茨·德·弗里斯，（加）丹尼·米勒 著；丁丹 译. —北京：东方出版社，2019. 6
（曼弗雷德管理文库）
书名原文：The Neurotic Organization：Diagnosing and Changing Counterproductive Styles of Management
ISBN 978-7-5060-9398-9

Ⅰ. ①神…　Ⅱ. ①曼…　②丹…　③丁…　Ⅲ. ①企业管理—组织管理学　Ⅳ. ①F272. 9

中国版本图书馆 CIP 数据核字（2016）第 301499 号

神经质组织：引领组织变革的成功之道
（SHENJINGZHI ZUZHI：YINLING ZUZHI BIANGE DE CHENGGONGZHIDAO）

作　　者：［荷］曼弗雷德·凯茨·德·弗里斯　［加］丹尼·米勒
译　　者：丁　丹
责任编辑：刘晋苏
出　　版：东方出版社
发　　行：人民东方出版传媒有限公司
地　　址：北京市朝阳区西坝河北里 51 号
邮　　编：100028
印　　刷：万卷书坊印刷（天津）有限公司
版　　次：2019 年 6 月第 1 版
印　　次：2019 年 6 月第 1 次印刷
印　　数：1—5000 册
开　　本：880 毫米×1230 毫米　1/32
印　　张：9
字　　数：230 千字
书　　号：ISBN 978-7-5060-9398-9
定　　价：68. 00 元
发行电话：（010）85924663　85924644　85924641

目录

The Neurotic Organization

我们都有一些轻微神经质的特质，可能是害羞、抑郁、无端恐惧或者无端怀疑等。但是，有少数人会展现出很多指向同一神经质风格的特质，行为到了非常僵化、不恰当的地步。这些人通常看起来不像有病，还能应付日常生活和工作，但是，如果他们是高层管理者，那么他们的性格就会大大限制他们的工作有效性。他们的神经质特质会扭曲他们对人对事的看法，强烈影响他们的目标设定、决策风格，甚至人际互动模式。

影响组织文化演化的一个关键因素是领导力。批判思维能力强、了解自我、成熟的领导者，可以防止群体退化。群体会被不良幻想控制到什么程度，主要取决于领导者及其追随者对不良幻想的易感性。领导者及其追随者的成熟度还会决定群体有多容易根据情境要求从一个共有幻想转到另外一个共有幻想。当群体过于坚持某个共有幻想，哪怕它已经过时，就会出现严重的运行不良。

在领导背景下，镜像移情可能有数个严重缺点。上司什么事都想居功，也不管自己是否配得上；他还想获得所有赞美，以向各色人等证明自己的能力。他会利用人，利用完就把人丢到一边。他有特权感，期望得到特殊对待。被人批评、遭人挫败，他会大发雷霆。因为如此情绪化，所以非常容易改变对下属的看法，前一刻还认为下属处处都好，这一刻就认为下属一无是处。所有这些行为模式，都会严重打击士气。下属主意出得再好、事情做得再漂亮，也没有任何功劳。

组织中经常可以见到上司制造“双重束缚”情境。例如，上司告诉下属“自主行动!”，但不给下属任何权限。这样做的高级经理人往往认为下属是软弱无助的，好为经常干涉下属的工作找理由。他们也许会说下属“劳累过度”、“紧张不安”或者“其实不适合干这种工作”，从来没想过真相到底如何。还有更过分的，为了考验下属，巩固自己的控制地位，故意鼓励下属表达大胆的观点，然后毫不留情地加以攻击，指责下属不忠诚、不服从。

对管理者而言，35 岁到 45 岁是人生的一个关键时期。这个阶段，工作/组织满意度急剧降低。背后原因可能有很多，比如，生命周期研究所说的中年危机。提出这个概念的杰奎斯发现富有创造力的人群在 35 岁到 39 岁期间的死亡率特别高。他认为这一现象的原因在于，人们在这个人生阶段会意识到自己终归是会死的。意识到自己终归会死，可能就会抑郁。

组织变革会让直接牵涉其中的人生出很多恐惧。变革往往涉及重新划分职权，即使不是正式重新划分，也会在事实上重新划分。有的管理者，可能被降职，生出失落感，这些管理者必须学会处理失落感、适应新职位。不管是结构变革还是人事变革，都会在组织成员当中激起各种各样的情绪反应。“被革掉的”的人嫉妒“没被革掉”的人。“没被革掉”的人，要花很长时间适应新的上司、同级和下属。

有时，陷入困境的个人或群体不把愤怒指向别人，而是指向自己。他或他们会不断因为一点儿小错谴责自己，同时还容易犯错、极其无助、非常被动。在某些修而不通案例中，可以观察到“独行侠综合征”——表现得就像不需要别人似的。这可以看成一种保护反应，它源自根深蒂固的想要被人照顾的愿望。既然好像没人能指望，那就完全靠自己。独行侠向每个人证明，他不依赖别人也完全能活得很好。这个模式还有一个变式，即用主动、独立姿态对抗无助感。

有的上司让下属苦不堪言，自己往往还不知道。碰到这样的上司，下属真不知道该怎么办，不敢直接向上司抱怨，也不敢向上司的上司投诉。这样，不良移情或互动模式可能就会保持下去，越来越严重。对预防工作来说，最好安排一个监察员专门听取下属的投诉。这样，投诉就可以保持匿名。监察员要力争在事态失控之前调解好上下级矛盾。如果监察员听到很多下属抱怨同一上司，就可以建议对这个上司进行干预。监察员最好具有临床背景，一般从人事部中选取。

父亲已经去世了，可是保罗仍然活在他的阴影下。保罗也许因为与父亲关系不好，所以变得非常不信任别人，把权力集中在手中，“束缚”儿子，就像父亲束缚他一样。也许因为一直屈服在父亲的淫威下，保罗发现自己很难把敌意发泄出去。尽管他偶尔会爆发一下，但是他偏爱比较间接的渠道。最初见到保罗时，我们非常奇怪，这样一个充满魅力、光芒四射的人，怎么会容忍公司那么粗暴地对待工人呢？

推荐序　老板桌后

2007 年的现象级电影《穿普拉达的女魔头》中，著名女演员梅里尔·斯特里普塑造了一个典型的精神病态的（psychopathic）女老板：自信自恋，气场强大；沉着冷静，无所畏惧，享受冲突；为达目的不惜一切手段，善于操纵和利用别人，对于自己的非道德行为没有任何歉疚心理。这个女老板的表现，几乎完全符合牛津大学心理学家凯文·达顿在《异类的天赋》一书中对这种类型的人格障碍（personality disorder）的描述。与一般的精神病态相比，这个女老板因为身在时尚行业，还要加上强迫症和控制狂的一些典型症状。一个职场小白，如何在这样变态的一个女魔头的淫威之下讨生存，人们不由得对安妮·海瑟薇扮演的小实习生捏一把冷汗。

《穿普拉达的女魔头》的最后，小实习生毅然决然地放弃了女老板认为“一人之下，万人之上”的职位。在公司门口，女老板与小实习生有一次意味深长的对望。那一瞬间，女老板在想什么？也许她在想“总有一天，你会像我一样”？

8年之后，扮演小实习生的安妮·海瑟薇自己也成了大明星，主演了一部《实习生》，果真变成了一个类似的女老板，成天颐指气使，吹毛求疵，看见别人眼中的刺，看不见自己眼中的梁。还好，在罗伯特·德尼罗扮演的“老实习生”的帮助下，这一次，女老板找回了自己，实现了内心的平和与家庭的平衡。

西方文化整体而言崇尚个性、尊重差异，加上大家平均的职业化程度较高，一般人都懂得“don’t take it personally”（不是针对你个人，不要太在意）的道理，所以对职场上的精神病态的行为接受度较高。很多明星级的老板如乔布斯、马斯克，身上都有这种施虐型人格的影子。与之相比，中国文化高度重视人际关系的和谐，强调与人为善的传统，对于这种类型的行为模式的接受度总体应该更低。例如，英文形容人是一个“nice guy”，其实是很弱的表扬（如果不是批评的话）；中国人说“谁谁谁是一个好人”，往往是蕴含了强大道德性和情感性内容的一种很高的褒扬，二者完全不在同一个量级上。

领导力发展行业的基础是组织行为学的研究，其有效性的前提是，这个人的心理相对比较健康，有基本的自我观照、自我觉察和自我反思能力。所以，这个行业的专业工作者在工作中碰到精神病态等各种人格障碍，是一件很无奈的事情。例如，前不久，一个小有名气的老板来参加我们的一个企业家学习活动。他的公司刚上市，体量可能比当时在场的大多数人的企业大一些。他注意到这个情况后，说话的声音就开始越来越大。在一个同学表达了要成为千亿级企业的梦想之后，他开始抑制不住地嘚瑟：“什么千亿级企业？你们见过千亿级企业吗？千亿级企业老板都是与什么人交朋友你们知道吗？”云云。大家见过找存在感的人，没见过以这种方式找存在感的人，整个会场，瞬间“石化”。

这种老板，在“dog eat dog”（指强势竞争文化）的西方职场中，也许不算什么大问题；但在注重涵养和城府的中国社会，我可以断定，几乎预示了他将来不妙的结局。当然，语言上的冒犯，与行动上的冒犯相比，算不了什么。最近，中国某著名电商公司创始人的“强奸案”和某著名制药企业创始人的“杀妻案”的各种细节透露出来，大家可以看看这种精神病态发展到行为冒犯层面的时候，能有多么可怕。而社会大众和公共舆论，对这种行为模式的惩罚力度，又将有多大。创业者本来就是比较异类的人，再加上他们肩负各种巨大的压力，他们发生心理健康和人格障碍问题的概率比普通人更大，忽视这个问题，对员工、对企业、对社会都是一个巨大的风险。

关于企业家的心理健康和人格障碍，我的母校 INSEAD（欧洲工商管理学院）的曼弗雷德·凯茨·德·弗里斯教授是西方学术界绕不过的一座灯塔。从二十个世纪七十年代开始，他花了近半个世纪研究这些问题，横跨学术界与实践界，发表了三百多篇论文并出版了四十多本书，组织了无数高层培训和咨询项目，影响了欧美国家千千万万的企业和企业家。他的所有著作的清单，打印出来，最少几十页。西方一线学者有多敬业、多专注、多勤奋，凯茨·德·弗里斯是一个非常好的正面典型。

凯茨·德·弗里斯几乎单枪匹马，把 INSEAD 变成世界领导力研究与发展的中心之一。不为人知的是他这些年经历的一些艰难的挑战。行为心理学成为西方学术界主流之后，弗洛伊德的心理分析学成为一个少数派，甚至被一些人认为是“巫术”。凯茨·德·弗里斯却一直强调他的心理分析学背景，和基于心理分析学的心理动力学（psychodynamics）及心理治疗学（psychotherapy）范式，可以想见，主流心理学学术圈是怎么看他的。自从 80 年代他与著名组织学者 Dan Miller 在主流学术期刊发表《神经质组织》后，主流心理学界、组织学界基本就找不到他的名字了。

还要一个原因是，凯茨·德·弗里斯的写作风格基本沿袭的是欧洲管理学界的传统，偏人文，偏跨学科，行文常常是旁征博引，如入无人之境，与美国 A 级学术期刊的偏定量、偏专业术语，讲究“无一字无来历”的行文风格，形成鲜明的对比。所以，他的文章，一般都发表在偏欧洲风格的学术期刊（如 *Organizational Dynamics*，*Human Relation*）上；他的书的出版者，一般也不是那些有严格的同行评审程序的学术出版社（如西方主要大学的出版社）。

我在 INSEAD 读博士时，凯茨·德·弗里斯不在组织行为学（Organizational Behavior，OB）系，而是在创业与家族企业系；不是核心的、行使各种学术权力的 tenue-track professor（终身轨教授），而是相对边缘的 clinic professor（临床教授或实践教授），可以想见他在学校地位的尴尬。过来人告诉我，有一段时间，他甚至差点面临被学校解聘的情况，幸好当时在 INSEAD 的另外一位管理大师明茨伯格及时出手，危机才算化解。

当时，我们这些少不更事的博士生，每天浸淫在典型的美式研究的各种套路当中，对于凯茨·德·弗里斯的遭遇，还不免有些轻薄之心，就像财务、运营等定量学科，嘲笑偏定性的 OB 代表的是"Organizational Bullshit"一样。定量研究嘲笑定性研究，正式模型嘲笑数理统计，大家人云亦云地一起跟着鄙视链走，哪里知道这种鄙视和反鄙视背后的辛酸与无奈。多少年轻的学术梦想，在这种狭隘的对峙中灰飞烟灭。

当然，与德鲁克长期得不到学术界的接受，甚至直到今天仍为一些人所轻薄相比，凯茨·德·弗里斯这点尴尬，就算不了什么了。西方管理学界的这种理论界与实践界、理论知识与实践知识相互脱节的奇怪情况，也是管理有多复杂，管理学有多复杂的一个很好的注脚。权力、派系、资源……象牙塔内的斗争，甚至比象牙塔外面还要更为激烈、更为不择手段、更为"精神病态"。所以，如果没有一定的使命感与责任感的支持，大家还是离这个学科远一点为妙。

学术界倾向于认为，信息技术的发展、传播的便利、各种娱乐方式的大繁荣、全球化导致的竞争加剧，也许都在某种程度上加大了人们平均的精神变态的程度，或者说，至少是加大了人们对各种精神变态的接受程度。例如，第一代硅谷创业者如 Dave Packard、Bill Hewlett（惠普公司创始人）、Andy Grove（英特尔公司前 CEO）看起来都是温和儒雅的谦谦君子，到了乔布斯、马斯克时代，却仿佛印证了 Andy Grove 的那句话：唯有偏执狂才能生存，唯有偏执狂才能成功。对事的偏执狂，大家容易接受；对人的偏执狂，就离人格障碍和精神病态不远了。

难道这个世界必然要被《穿普拉达的女魔头》那样的疯子、变态和怪人所主导？我倾向于没那么悲观。心理学的维度之外，还有一个神学的维度。我写下这篇文章的时候，巴黎圣母院刚刚燃起熊熊大火。与很多人认为这标志着法国和欧洲信仰的失落相反，我反而认为这也许是他们的宗教文化之复兴的一个转折点。这种宗教文化，强调英国作家 C. S. Louis 所定义的 agape（上帝之爱、无缘无故的爱）的力量，对于维护人们的心理和精神健康，遏制精神病态尤其是企业界的精神病态扩散的趋势，将起到一般中国人难以想象的巨大作用。

反倒是我们中国有些人，好像除了对金钱，包括金钱代表的地位和金钱所能购买的东西以外，对其他东西，都鲜见坚定的信仰，未来将如何应对这个问题，更让人担心。大火之后，巴黎圣母院的主体结构还在，我们的“巴黎圣母院”呢，早就不知道经历过多少次大火了。我在《以热爱战胜恐惧》中总结的正念、良知与天命三个概念，算是在文化的废墟里努力拣起一些相对完整的碎片吧。这样一片瓦砾遍地、尘土飞扬的土地上，技术演进的巨轮还在越转越快，娱乐至死的文化还在愈演愈烈，没有底线的资本用更大的力量让用户上瘾，看那一张一张麻木的脸，因为过度使用电子产品而逐渐失去血色。这些东西，将把我们带向何方？

我没有答案。

肖知兴

（作者为领教工坊联合创始人）。

前 言

西蒙·弗洛伊德曾经说过，“梦是通往无意识的康庄大道”。这句经常被人引用的话，应用范围或许超过了弗洛伊德的初衷。我们的组织研究表明，通往理解组织核心动力学的康庄大道也是高层经理人的幻想或者“世界观（world view）”。关键决策者的主要幻想、信念和抱负渗透到组织的方方面面，让组织染上他们的个人特色。当然，我们这里指的不是那种异想天开、转瞬即逝的幻想，而是指那种塑造一个人“内心剧场（internal theater）”的幻想。它们构成了一个人的世界观——世界观是行为的基础，最终决定着大部分行为；世界观也是我们经常说的“性格（character）”或者“人格（personality）”的缩影，知道一个人的世界观就可以推断出这个人的大部分性格。

本书有两个作者。一个是曼费雷德·凯茨·德·弗里斯，他在加拿大精神分析学院（Canadian Institute of Psychoanalysis）接受过临床训练。正是在那里，他开始对幻想、决策和行动之间的关系感兴趣。后来，他成为一名精神分析实践者。在为高层经理人提供咨询服务的过程中，他对幻想、决策和行动之间的关系越来越感兴趣。在临床实践中，他磨炼了做诊断、开处方的技能，深刻认识到了经理人与组织之间相互作用的复杂性。事实证明，这些知识和技能对他分析组织病理、开展组织干预极其有用。组织的问题和倾向好像经常反映了高层经理人的人格。

本书另外一个作者是丹尼·米勒，他做过很多研究来确认问题组织有哪些常见症状，发现症状好像是成群出现的，每群症状构成了一个格式塔，凸显出组织的战略、结构、文化和经理人的人格在问题乃至特点上是相通的。他零零散散地查阅了一些精神病学文献，发现从临床视角理解组织问题可以得到颇多收获。

我们的合作始于一场有关“幻想与战略”的即兴对话。不久之后，我们着手探索组织病理和个人病理之间的联系，努力在这一过程中最大限度地利用我们迥异的背景。我们优势互补，是很好的搭档，合写了一系列推测性很强的工作论文，主题都与个人心理动力学和组织动力学有关。业界同人和商界经理人反响热烈，我们受到鼓励，决定把这些尝试性的、探索性的、有争议的论文编成一本书。正如读者会明明白白看到的那样，我们的目标是用大胆的推测引发辩论、提出问题。这里要先和来自学术界的读者打一个招呼，我们提供的绝不是最终答案，也不是逻辑严密的实证研究。我们探究的领域，十分年轻、人迹罕至，还不足以给人提供最终答案或逻辑严密的实证研究。

整个探究过程，我们都采用精神分析临床和理论视角。与大部分组织文献形成鲜明对比的是，我们会试着——套用乔治·霍曼斯（George Homans，美国社会学家）的话说——把人带回组织。我们并不打算简单地从常见的社会学或者战略学（“政策学”）角度理解组织，而是打算考察人的心理对组织的战略、结构、群体过程和领导行为的影响。我们会尽可能详细地刻画经理人的心理。确实，我们从头到尾都运用精神分析心理模型，而不是像大部分认知、情感、动机和人格研究那样采用一些比较常见但比较零散、比较狭隘的视角。

本书分为两大部分。第一部分从临床视角探讨一些非常普遍的组织问题的本质和起源。分析从整个组织开始，然后按章依次过渡到群体、二人、个人，在组织水平上借鉴神经质行为模式文献，在其他几个水平上依次借鉴家庭动力学文献、移情文献和生命周期文献，来理解组织的战略问题、结构问题、领导问题和动机问题。第二部分讨论组织变革：考虑到第一部分所论问题的本质和起源，我们如何帮助组织开展变革来解决那些问题？在这个部分，我们首先考察变革阻力的来源，然后参照个人精神分析干预过程来理解组织变革过程，最后提出建议。本书结尾会举出一个综合案例，让读者了解一下组织治疗的全过程（实际上，本书所有案例都经过化名处理）。我们的核心目标是，提供一套知识和原理，帮助读者理解、诊断乃至最终解决组织问题。

我们相信本书会有广泛的读者。一类读者来自实践界，包括管理者、组织发展顾问、管理培训专家。我们讨论的问题，都是他们熟悉的问题，我们提出的解释和建议，切中肯綮——至少我们自认为如此。我们讨论的东西，有的比较复杂，对于这些东西，我们尽量不使用深奥难懂的术语，即使用，我们也会用大众语言加以解释。我们的这种做法，应该也有利于吸引这类读者。另外一类读者来自学术界，包括政策学、组织行为学以及其他社会/行为学科的教学者、研究者和学习者，他们应该也会觉得，我们的讨论尽管有些怪异但是颇具启发性。本书有助于这类读者跳出体制视角，换个角度看问题。最后，关注组织中的人的心理治疗师、临床心理学家以及其他心理健康工作从业者，应该也能从本书中受益。

前言不可避免地涉及致谢。有群人给了我们很大帮助，可是出于保护起见，我们不能说出他们的名字，尽管如此，我们还是要对他们致以最诚挚的谢意。我们说的是我们的病人和客户，在我们帮助他们的过程中，他们也教给了我们很多东西。本书要献给他们。

凯茨·德·弗里斯要感谢他的三个老师，加拿大精神分析学院和麦吉尔大学精神病学系（McGill University Department of Psychiatry）的伊娃·莱斯特（Eva P. Lester）、詹姆斯·奈曼（James Naiman）和克利福德·斯科特（W. Clifford Scott），感谢他们多年以来提供的宝贵的临床建议。特别是克利福德·斯科特，他帮助澄清了幻想的含义，强调了幻想制造惊奇的能力和难以捉摸的边界。麦吉尔大学精神病学系主任莫里斯·东杰尔（Maurice Dongier）的慷慨很难用语言形容，给精神病学家这个原本黯淡的职业添上了几笔绚烂的色彩。此外，凯茨·德·弗里斯还要由衷感谢哈佛商学院的亚伯拉罕·扎莱兹尼克（Abraham Zaleznik），他是凯茨·德·弗里斯的导师，非常伟大，是把精神分析应用于组织研究的先驱。

丹尼·米勒要感谢彼得·弗里森（Peter H. Friesen）和普拉迪普·康德瓦拉（Pradip N. Khandwalla），多亏他们给他注入了健康的实证主义，他的怀疑主义和经验主义才得以存活下来。他还要感谢亨利·明茨伯格（Henry Mintzberg）、亨利·塔奇（Henry Tutsch）和托马斯·库比塞克（Thomas Kubicek），他们的热情鼓励着他在撰写本书的时候大胆做推断。他要特别感谢家人和哲学家朋友罗伯特·范因斯坦（Robert Feinstein）、爱德华·勒斯科（Edward G. Lesko）和维克多·莱维斯（Victor I. Levis），他们给予了他精神支持和智慧启迪。

在我们重写、编辑本书的过程中，很多人提出了有用的意见和建议。我们特别感谢吉尔斯·阿马多（Gilles Amado）、沃伦·本尼斯（Warren Bennis）、克劳德·福舍（Claude Faucheux）、威廉·亨利（William E. Henry）、哈维·科劳德尼（Harvey Kolodny）、理查德·梅森（Richard O. Mason）、亨利·明茨伯格、伊恩·米特罗夫（Ian I. Mitroff）、劳伦斯·纳德勒（Lawrence A. Nadler）、罗兰·蕊特（Roland Reitter）和乔治·特雷波（Georges Trepo）。我们还要感谢蒙特利尔总医院精神病分部（Montreal General Hospital Deparment of Psychiatry）的西德尼·佩尔佐（Sidney Perzow），她带领

了不少巴林特小组①，积累了独到的临床见解，给予了我们很多宝贵灵感。另外，我们要感谢编辑安妮·霍吉斯东（Anne Hodgsdon）的贡献。

打字、排版是由谢丽尔·凯拉希尔（Cheryl Kelahear）、桑德拉·瓜达格尼诺（Sandra Guadagnino）、马汀娜·盖奥特（Martine Guyot）和海伦·希德（Helene Schieder）完成的，她们热情、能干，做得又快又好，在此对她们表示感谢。

最后，我们要感谢作者凯茨·德·弗里斯的妻子伊丽莎白（Elisabet），我们每写完一章就给她看，她会就可读性提出意见和建议。在此对她表示衷心的感谢。

1984年6月

曼弗雷德·凯茨·德·弗里斯

马萨诸塞州波士顿市

丹尼·米勒

魁北克省蒙特利尔市

① Balint Groups，一个重要的国际上知名的全科医生培训方法。——编者注

关于作者

在已被广泛研究的领导力和个人与组织动力学领域，曼弗雷德·F. R. 凯茨·德·弗里斯教授引入了全新的观点。凭借他在经济学（经济学博士学位，阿姆斯特丹大学）、管理学（国际教师项目参与者、MBA 和 DBA 学位，哈佛大学商学院）以及精神分析学（加拿大精神分析学会、巴黎精神分析学会和国际精神分析学会）等领域的知识和经验，弗里斯教授仔细研究了国际管理、精神分析、心理治疗、动态精神病学和高管教练之间的关系。他感兴趣的具体领域包括领导力、职业动态学、高管心理压力、创业精神、家族企业、企业继承计划、跨文化管理、高绩效团队建设以及企业转型和变革的动态变化。

弗里斯教授是欧洲工商管理学院（INSEAD，在法国、新加坡和阿布扎比开设有分校）领导力发展和组织变革领域的杰出临床教授。他是 INSEAD 全球领导力中心的创始人。该中心是世界上最大的领导力发展中心之一。此外，他还是欧洲工商管理学院高级管理课程“领导力的挑战：培养你的情商”项目的主任，以及管理学硕士项目“带来变革的咨询和辅导”的负责人，并曾五次获得该学院的杰出教师奖。他还是柏林欧洲管理与技术学院（ESMT）领导力发展研究领域的杰出客座教授。他曾在麦吉尔大学、蒙特利尔高等商业学院和哈佛商学院担任教授，并在世界各地的管理机构讲学。

英国《金融时报》《经济学人》，法国《资本》杂志，德国《经济周刊》都将弗里斯教授评为全球顶尖的领导力研究学者。他名列“全球最具影响力的50位管理思想家”，并被认为是在人力资源管理领域最有影响力的人物之一。

弗里斯教授是40多本书的作者、共同作者或编辑者，包括《神经质组织：诊断并改变不良管理风格》《领导、傻瓜和骗子》《管理快车道上的生与死》《领导的奥秘》《幸福等式》《领导者是天生的吗》《俄罗斯新商业精英》《恐惧领导力：阁楼上的夏卡祖鲁》《全球高管领导力清单》《教练与沙发》《沙发上的领导》《沙发上的家族企业》《性、金钱、幸福与死亡》《性格与领导力反思》《领导力与职业生涯反思》《组织的反思》《领导力教练万花筒》《刺猬效应：打造高绩效团队的秘诀》《正念领导力》。还有几本书在准备中。

此外，弗里斯教授已经发表了400多篇学科论文，包括书籍中的章节和独立文章。他还撰写了大约100个案例研究，其中8个案例获得了“ECCH年度最佳案例奖”。他是许多杂志的固定撰稿人。他为《哈佛商业评论》和《INSEAD知识》写作博客。他的文章刊登在《纽约时报》、《华尔街日报》、《洛杉矶时报》、《财富》、《商业周刊》、《经济学人》、《金融时报》和《国际先驱论坛报》等刊物上。他的书籍和文章已被翻译成31种语言。

弗里斯教授是《管理学会》编委会的17个成员之一，并当选为管理学学会的会员。他是国际精神分析研究组织（ISPSO）的创始成员，并被授予终身会员资格。由于对领导力研究和发展的杰出贡献，他也是获得国际领导力协会终身成就奖的第一位非美国人；他被认为是世界领导力发展领域与规范的创始学者之一。由于他对咨询领域的贡献，美国心理学基金会授予他哈里和莱文森奖（组织咨询方面）的荣誉。在荷兰，他因其在管理和精神分析领域的贡献而被授予弗洛伊德奖。他还获得了哈佛领导力辅导学院的卓越远景奖。此外，他还获得了两个荣誉博士学位。

弗里斯教授是美国、加拿大、欧洲、非洲和亚洲顶尖公司在组织设计、转型和战略性人力资源管理领域的顾问。作为领导力发展领域的全球顾问，他的客户来自ABB、荷兰银行、埃森哲咨询、荷兰全球人寿、法国液化空气公司、加拿大铝业、阿尔卡特、阿布扎比先进技术投资公司、贝恩咨询、奥陆芬音响、邦尼集团、英国石油公司、凯恩酒店集团、德意志银行、爱立信、通用电气资本、高盛、喜力、哈德森、联合抵押银行、天达、毕马威、乐高、利宝保险、汉莎航空、灵北制药、麦肯锡、澳大利亚国家银行、诺基亚、诺华制药、诺和诺德、起源、南非米勒酿酒、壳牌、喜威、史宾沙、南非标准银行、三方对话银行、联合利华和沃尔沃汽车。作为一名教育家和顾问，他曾在40多个国家工作过。在担任顾问期间，他还是 Kets de Vries 研究所（KDVI）的创始人。该研究所是一家从事高端领导力发展咨询的公司。

荷兰政府授予他奥兰治-拿骚官佐勋章。他是第一位在蒙古国飞钓的人，还是纽约探险家俱乐部的成员。在工作之余，他的足迹遍布非洲中部的雨林与草原、西伯利亚的针叶林、帕米尔高原和阿尔泰山、阿纳姆地乃至北极圈。

丹尼·米勒是麦吉尔大学和（法国）高等商业学校（Ecole des Hautes études Commerciales）的管理政策与组织理论副教授。1968 年，他以优异成绩从乔治·威廉大学（Sir George Williams University）管理专业毕业，获得商学学士学位；1970 年，他从多伦多大学（University of Toronto）组织理论专业毕业，获得工商管理硕士学位；1976 年，他从麦吉尔大学管理政策专业毕业，获得博士学位。从多伦多大学毕业后，去麦吉尔大学上学前，他在银行工作过一段不长的时间。

米勒的主要研究兴趣在于战略与适应以及企业家精神与创新，喜欢运用分类法进行组织分析。他最近开始研究管理者的心理动力学和认知导向对公司的战略和文化的影响。在收入分配经济学方面，他也做出了一些成绩。1981 年，(法国）高等商业学校授予米勒“杰出研究者奖（Outstanding Researcher Award)”。米勒在杂志上发表了 30 多篇学术论文。他最近出版的一本书是《从量子论角度看组织》(*Organizations: A Quantum View*)（1984，与彼得·弗里森合写）。米勒多次获得科研经费，是《管理杂志》(*The Journal of Management*）编委会的成员。

引言　从组织水平到个人水平解决问题

记住，操纵我们的是隐藏在我们内心深处的秘密力量；那里响着具有说服力的声音，我们甚至可以说，那里唯一的生命是我们自己。

——马可·奥勒留（《沉思录》）

伟大的经济学家亚当·斯密认为，人们似乎被一只看不见的手操纵着。各种人为了各自的利益行事，意外地促进了经济的发展。我们认为，就像经济一样，组织中也有一只看不见的手在起作用。决策制定、领导行为、战略形成、结构设计和组织变革，都受一些“看不见的”心理力量的微妙而复杂的影响，这些心理力量长期存在着，只是人们通常意识不到。这些隐秘力量经常导致组织出现一些看似十分不合理、十分不正常的现象。斯密所说的自利动机，带来的是积极的结果，而我们要介绍的隐秘力量，往往是恶性的，具有很大的破坏力。

我们想考察管理理论家通常忽视的隐秘心理过程，也就是精神病学家、临床心理学家和精神分析学家关注的那些东西。我们决定考察常见的不良管理风格，研究它们在组织中的表现和影响。神经质行为模式、不良群体氛围、恶性人际互动和僵化防御机制是非常普遍的现象，精神病学文献和精神分析文献对它们讨论得比较多，但是管理学文献好像很少讨论它们。作为管理顾问和精神分析师，我们经常与组织打交道，特别是那些业绩不佳或者每况愈下的组织。我们发现，管理者的心理特征似乎明显而剧烈地影响着组织战略、领导行为、决策制定甚至组织结构。

很早就有人研究组织中的非理性心理力量了，也很早就有人承认非理性心理力量的重要性了。所以说，这两点不是我们的独创，而我们的主要贡献在于我们的取向。在对待心理问题上，组织研究有三个传统取向。第一个是人际关系取向，考察关键的社会需要及其对工作绩效的影响。人际关系理论家指出，组织应该把员工看成负责的、敏感的人体贴地对待。例如，有研究证明，把工作设计得更有趣、赋予员工更多自主权、给予员工更多关注，可以提高员工的绩效和满意度。然而，这类研究有严重的缺陷。首先，研究对象通常是一线工人而非管理者。此外，从未试着解释人类需要的形成原因和具体表现。更严重的是，未能考察或者解释个人差异。大多数理论家仅仅满足于指出组织中的“超理性（extra-rational)”因素（也就是非任务因素）并讨论它们对人员管理的重要性。[1]

第二个是特质取向，考察各种心理特质及其影响，具体来说，就是考察某个或者某些人格特质或者认知特点，看看它或者它们可能对风险承担、决策制定、领导行为等有何影响。例如，有研究证明了权力需要或者成就需要是如何影响领导行为的，[2] 控制点是如何影响战略形成的，[3] 认知风格是如何影响决策制定的。[4] 这个取向也有缺点，最严重的一个也许是，一般从单个或者少数几个特质描述人，无视人格的整体性，也无视环境的复杂性，只能揭示最一般的趋势。我们希望能够更全面、更详尽、更逼真地描述管理者的心理和行为，好把它们与关键的组织问题联系起来。

第三个是有限理性取向，考察个人认知局限在组织背景中的表现。这一取向的典型代表人物是西蒙（Simon）[5]、马奇（March）[6] 和西尔特（Cyert）[7]，他们探讨了普遍的认知局限如何诱发甚至必然导致各种具体的决策风格。例如，我们的认知加工能力有限，因此在解决问题时只能考虑相对很少的几个可选方案。触发决策的，是迫近的问题而非机会。此外，组织围绕短期目标做决策，此时的决策与彼时的决策，目标也许相互冲突。最后，大部分决策是渐变的、矫正的，而不是激变的、革新的。尽管认知理论学家发现了组织的一些重要倾向，但是他们和人际关系理论家一样忽视了个人差异，而个人差异对理解组织运行不良的形成原因非常关键。

我们的取向与上述三个取向有很大的不同。我们在研究和咨询中，获得了一些有用的见解。为了把这些见解系统化，我们广泛借鉴精神病学文献、精神分析文献和家庭治疗文献，构造了一些框架，用于理解、预测和澄清最常见的组织问题。例如，从高层管理者神经质风格角度理解组织失败，从群体动力学角度理解领导行为和决策制定。

强调一下，我们的取向有很多特色。第一，焦点是“神经质”行为而非“正常”行为。不过，我们认为“正常”和“神经质”只是相对的。两个概念都不好定义，一个原因就是二者位于同一维度的两极。我们要是主要关注健康组织的一般倾向，就不会投入太多注意力在神经质行为上。第二，我们关注的是组织问题的诊断和解决，所以我们采用的方法不是广泛的调查研究，而是深入的个案研究。最后，我们力求比上述三个取向更丰满地刻画心理。我们认为，人的心理非常复杂，由很多紧密相连、成因复杂的稳定成分构成，不经过大量研究是理解不了的。我们认为，只考察一两个人格维度（“沿 7 点量表”）就是不足以理解个体、群体和组织问题的主要原因。我们需要更详细、更复杂、更全面地描述心理。我们认为，这样的描述在精神病学和精神分析文献中比在传统的行为主义文献中更常见。

本书是推测性的。它借鉴一个领域的框架，应用到另外一个领域。这个做法总有风险——背景变了，框架也许不再合适、不再有用了。说到这，必须强调三点。第一，我们不考察所有组织、所有群体、所有人际互动。我们主要关注组织运行不良，因此考察“有病的”组织、“有病的”群体、“不良的”人际互动。第二，我们考察常见的“神经质”行为，而非严重的“精神病”行为，前者只是功能不良，后者近乎功能丧失。第三，我们试着根据我们在组织中的切身体验把精神病学发现和精神分析学发现与组织运行联系起来。作为管理顾问兼临床专家，我们很早就开始涉足组织、群体和人际问题的诊断和治疗，积累了很多经验；本书的案例，都是我们在工作中遇到的。

所有这一切并不是说，我们用来理解组织病理的框架是完美无缺的。定义、划分、解释组织问题的方式总是多种多样。我们只能说，我们应用的框架确实反映了我们在组织中的切身体验，有助于我们更迅速、更准确地诊断问题，更为重要的是，允许我们帮助组织和组织中的个人更有效地解决问题。

本书所有章节都既讲理论又举实例。我们构造出框架来理解组织、群体和人际问题背后的隐秘心理力量，以及理解阻挠问题解决的隐秘心理力量。每种情况，都尝试着用框架去解释，更重要的是，都配有实际案例。案例应该能够凸显框架的实际用途。

本书从头至尾既是描述性的又是规范性的。描述性的是指，说明事物是什么样的，目的在于做诊断；规范性的是指，说明事物应该是什么样的，目的在于开处方。最初几章的目的主要在于，指出组织中隐秘力量的本质，说明这些隐秘力量是如何破坏战略制定、结构设计、领导行为和决策制定的。这几章的重点在于做诊断。对比之下，最后几章讨论组织变革，说明如何通过暴露并改变不良模式来提高组织有效性。这几章的重点在于开处方。

下面粗略介绍一下每章的内容，让读者了解本书的总体布局，进而更好地阅读各章的详细内容。分析从整个组织开始，按章依次过渡到群体、二人和个人（见表1）。另外，第1篇（第1章到第5章）讨论心理动力学力量导致的组织问题，而第2篇（第6章到第9章）讨论如何帮助组织克服变革阻力，特别是讨论第1篇讨论的各种问题是如何妨碍组织变革的。

表1　本书大纲

	心理问题/关键点	分析水平	组织问题区/关键点
第1篇：组织的问题			
1	高级经理人神经质	整个组织	组织战略 战略制定 组织结构 组织文化
2	在共有幻想的控制下，群体成员无法专心干正事	部门 工作小组 小型组织	决策制定 组织结构 组织文化
3	过去与重要他人的关系干扰到现在与他人的互动	二人关系	领导行为 决策制定
4	上司过度约束、过度利用或者过度放任下属	上下级互动	领导行为
5	管理者经历与生命周期有关的危机	个人	工作满意度 组织满意度

（续表）

	心理问题/关键点	分析水平	组织问题区/关键点
第2篇：克服变革阻力			
6	防御和阻抗	个人	变革阻力
7	瓦解防御、克服阻抗	主要是个人	干预技术
8	上述都有	所有水平	治疗步骤
9	上述都有	所有水平	管理咨询 组织干预

第1章最长，可能也最复杂，考察高层经理人的神经质如何影响整个组织的运行。精神病学文献和精神分析文献发现了好几个神经质风格，我们从中选取了五个，分别为偏执型、强迫型、表演型、抑郁型和淡漠型。之所以选择这五个，是因为它们恰好与我们碰到的几类问题组织一一对应，也就是说，高级经理人具有哪种神经质风格，组织一般就会在战略、结构、决策制定和管理文化等方面表现出相应的一组问题，反之亦然。广义而言，组织的样貌似乎反映了高层经理人的心理样貌。阐述每类问题组织时，我们都会举个案例。

第2章以群体研究先驱威尔弗雷德·比昂（Wilfred Bion）[8]的发现为基础。比昂发现，很多群体存在自己特有的幻想。这些幻想，为全体成员共有，建立在成员的主要需要之上，可能十分不切实际、非常具有破坏力。例如，比昂所说的“战/逃型”群体，幻想出一个共同敌人，把精力用在攻击或防备这个共同敌人上，结果变得效率低下、目光短浅，甚至误入歧途。比昂还发现了“依赖型”群体，在这样的群体中，成员把领导者理想化了，什么都指望领导者，没有一点儿主动性。对比之下，比昂所说的“配对型”群体——我们所说的“乌托邦型”群体——则坚定地相信，总有一天，现在的问题会得到解决，世界会变得非常美好。所有这些幻想都会严重损害组织的决策制定和战略形成。我们会说明具体是怎么损害的，并为每类群体举个案例。

第3章探讨移情，这个概念以前一直只用在心理治疗中。移情是指，个人在人际互动中无意识地把对方当作过去生活中的某个重要他人来对待，也就是在当前关系中无意识地套用过去关系的互动模式。过去关系通常是指人生早期与父母或兄弟姐妹之间亲密而强烈的关系，其中存在一些未解决的冲突。为了解决这些冲突（以及其他一些原因），个人重演过去关系，而重演会不可避免地涉及非常不恰当的行为。移情是个普遍现象，侵蚀着所有长期亲密关系，特别是那些权力在其中起关键作用的亲密关系——组织背景下最突出的，当属上下级关系。我们会讨论组织背景下常见的三类移情。我们认为，这三类移情各自都会引起一组独特的非常普遍且非常持久的决策制定问题和领导问题。除非认识到了这些问题的移情本质，否则很难解决这些问题。

第4章再次聚焦不良上下级关系，但是这次是从研究病态家庭动力学的精神病学家那里借鉴的框架。这些精神病学家发现，亲子互动有三个不良模式，分别是束缚模式、委托模式和驱逐模式，三个模式中父母“束缚”或者控制孩子的程度依次递减。把这一框架应用到组织背景下，就可以把上下级不良互动分为三类。第一类，上级束缚下级，扼杀下级的主动性，限制下级的成长，本质上把下级变成木偶。第二类，上级把下级变成“代理”，从下级身上获得替代刺激，让下级去执行上面吩咐下来的讨厌而危险的任务。最后，驱逐模式，上级对下级根本没有兴趣，不给下级任何指导、支持或者保障。这三个不良互动模式都有各自的不公之处和危险之处。我们会讨论每个模式的影响，提出一些矫正建议。

第 5 章首先把焦点放在个体管理者身上，考察他们在生命周期各阶段在工作和家庭中遇到的挑战和机会。精神病学文献、心理学文献、社会学文献和精神分析文献已经确认出了生命周期分为哪些阶段，我们会参考生命周期各阶段的心理挑战和情绪挑战来解释工作/组织满意度。不同阶段存在差异，因此仅仅通过职位级别、工作绩效、教育水平、性别之类因素来预测满意度是不行的。我们会阐明，管理者必须在生命周期的不同阶段解决不同的问题。我们会给五个阶段各配一个案例。

组织很难进行有效的变革，一个原因是，它涉及剥夺当权者的职权、地位、威信和保障，威胁他们的自我形象，激发他们的阻抗或者防御。阻抗机理多种多样，包括抑郁、退化、否认、反向形成以及弗洛伊德及其追随者提出的其他防御机制，第 6 章会讨论到。不管是哪种防御，都会让人意识不到重要的现实，进而让人不能做出恰当的反应。例如，一个人也许否认他失去了某样对他而言很重要的东西，继续表现得像什么事都没发生过一样。每类阻抗都会举出一些例子，以说明这类阻抗是如何妨碍有效的组织变革或者破坏组织中的人际互动的。

第 7 章讨论与组织变革有关的关键挑战和组织动力学。我们会试着运用精神分析概念来说明，训练有素的组织顾问要如何通过“对质—澄清—解释”技术让管理者领悟他们的问题，而且领悟得十分深刻、十分具体，足以引发持久的变化。我们会从自己的咨询或临床工作中选取案例，说明具体要怎样促成领悟。另外，我们会描述，个人/群体在组织变革背景下必须经历哪些阶段，实现“修通”，才能彻底放弃旧方法旧角色、采取新方法新角色。在“修通”过程中，个人/群体必须为丧失“哀悼”，否则无法采取新的行为模式。任何重大改变都必须经过领悟和修通才能实现。我们会讨论治疗师在促进领悟和修通中的作用，希望能为管理顾问和其他促变者提供借鉴。

第 8 章讨论前面各章知识对行动的启示，就如何挖掘组织问题的心理动力学根源、如何通过处理心理动力学根源来解决组织问题，以及如何预防组织出现有着心理动力学根源的问题提一些建议。

第 9 章要用一个综合案例说明组织治疗全过程。我们与案例中的公司保持了两年的咨询关系，其间找出了其客观问题背后的心理动力学根源，也就是具体涉及什么样的神经质风格、群体幻想、移情模式、阻抗和不良上下级互动模式，还进行了一些干预帮助这家公司处理心理动力学根源，进而帮助这家公司从根本上解决问题，走出困境。我们会详细描述诊断和干预过程。

本书从头至尾，为了让人更易理解，我们会使用简化、分类和分层等说明手法。我们的框架十分整洁，涉及五个神经质风格、三个群体文化、三个移情关系，等等。当然，现实世界中的事情没有这么简单。我们并没有穷尽所有情况，只讨论重要的、典型的。我们没有囊括所有不良群体、组织、上下级关系，而且正如大家会在最后一章看到的那样，大多数群体、组织、上下级关系是混合型的。最后提醒一下，在说明时运用简化手法，不同于在推断个人和群体内心世界时运用简化手法。我们支持前者，认为后者是不可靠的。

The Neurotic Organization

第 1 篇 组织的问题

第 1 章　神经质风格与组织运行不良

他们什么都没学会，也什么都没忘记。

——塔列朗

自从皮瑞克斯国际收购了史蒂文斯公司，事情就开始发生根本变化。皮瑞克斯是个迅速扩张的企业集团，触角伸到了多个迥异的行业。它的发展令人惊叹，但是它的利润在它收购史蒂文斯时就已经在下滑。皮瑞克斯的经营者是亚历·赫尔佐格，一个爱慕虚荣、野心勃勃、飞扬跋扈的企业家，他是公司的创始人和原动力，很多人认为他还是公司的“专制头子（tyrant-in-chief）”。他残酷地压榨员工，手握绝大部分决策权，频繁并购，举动大胆得令人咋舌——他收购的公司，有些比皮瑞克斯本身还大。他白手起家，极其渴望把企业做强做大。通过敌意并购，他很大程度上实现了这一梦想，同时也背上了巨额债务。不断提高的利率和不断下降的利润已经威胁到皮瑞克斯的生存。

这次收购前，史蒂文斯几乎和皮瑞克斯一样大。身处重型设备零件制造业的史蒂文斯，是一家生气勃勃的公司，产品创新为它带来了可观的增长率，制造业务赋予它业界最高的股本收益率。公司总裁戴维·摩斯关注创新与效率、成长发展与财务实力之间的平衡。史蒂文斯的产品因质优而出名。

这次收购后不久，事情就开始变化。赫尔佐格认为他收购过来的公司就是他的，不喜欢让强大的人去管理。他坚持制定史蒂文斯的所有重大决策，即使对它所处的行业一无所知。他不断要求史蒂文斯的高层经理人向他提供琐碎的信息，如果他们未征求他的意见就做决定，他就会质疑他们，甚至责骂他们。戴维·摩斯很快认识到，赫尔佐格只把史蒂文斯看作为他的“宏伟”计划提供财力支持的金库，于是不再抱有幻想。在赫尔佐格坚持推行几项不恰当的成本削减措施后，摩斯终于辞职了。

摩斯离开后，赫尔佐格就趁机安排拜伦·戈萨奇进入史蒂文斯做首席执行官。戈萨奇是个害羞的、没有安全感的官僚主义者，一点都不了解史蒂文斯的市场。他的长处在于能够不折不扣地执行赫尔佐格的指示，换句话说，他没有或者说不敢有自己的主张。史蒂文斯的管理者被迫扮演纯粹的顾问角色。赫尔佐格和戈萨奇一般听不进他们的意见，所以其中最有能力的人辞职了，有想象力的人、有主见的人被解雇了。剩下的人，被动而恐惧，上面怎么吩咐就怎么做。他们担心丢掉工作，于是乖乖服从赫尔佐格颁布的命令，严格遵守皮瑞克斯推行的制度。没人关心战略，公司很快失去方向感，停滞不前。销售量和利润率开始下降。

史蒂文斯的情况很糟，皮瑞克斯本身的情况也没好到哪儿去。固执而自大的赫尔佐格及其下属，在不断膨胀的野心下，进行一场又一场收购，最终招致灾难。他们太忙了，没有意识到史蒂文斯的危险迹象。抑郁而被动的史蒂文斯管理者，太缺乏安全感，不敢自作主张采取措施解决问题。

皮瑞克斯和史蒂文斯都属于我们所说的“神经质组织”——具有“症候群”的问题组织。所谓症候群，是指一系列同时出现、相互关联的不良状况。就像人同时出现多个不良状况说明人生病了一样，组织同时出现多个不良状况说明组织生病了。可以说，皮瑞克斯是表演型组织，它的领导者大胆而自大，让它过度扩张、耗尽资源、陷入困境。史蒂文斯则是抑郁型组织，因为无人关心战略而停滞不前、死气沉沉。高层管理者赫尔佐格和戈萨奇的人格分别反映在皮瑞克斯和史蒂文斯有问题的战略、结构和文化中。在与各种组织打交道的过程中，我们惊讶地发现，有几种组织神经质出现得非常频繁。同样的组织病，我们总是一再碰到。

很少有人纯粹属于某一神经质风格。同一个人可能几个不同风格都各有一些，每个风格在不同环境下激活。然而，很多人都有一个主导风格，也就是，在很多方面都一致地呈现出一个风格。任何单一风格的极端表现，最终都可能演变成精神病，导致心智机能严重受损。在与高层经理人及其组织打交道的过程中，我们发现，个人的病（过度表现出同一神经质风格）与组织的病（表现出严重的运行不良）有相通之处。在运行不良的集权化组织，高层经理人僵化的神经质风格强烈地反映在组织有问题的战略、结构和文化中。

无可否认的是，跨学科研究充满危险。太容易把一个领域的概念框架盲目地应用到另外一个非常不同的领域![1] 因此，把个人的心理现象（表现为神经质风格）与组织的适应特征（表现为运行不良）联系起来，需要一套至少表面上看得过去的逻辑。这正是我们想要提供的。尽管我们即将提出的框架具有很强的推测性，但是我们相信它是有用的；而且，即使是提出这样的框架，也绝不是什么容易的事情。

神经质风格与组织

高层经理人的人格可能会在非常重要的方面影响到组织的战略甚至结构，[2] 而且肯定会影响到组织的文化。[3] 有很多正式的、实证的或者逸事的证据为证。不幸的是，大多数相关研究考察的是人格的单一方面，比如掌控命运感[4]、成就需要[5] 或者权力需要[6]，以及一两个组织变量，比如决策参与程度[7]、正规化程度或者官僚化程度[8]。然而，基于单一特质的研究，可能颇具误导性。把复杂的人性简化成一个人格特质，弄得好像只用那个特质就能解释大部分现象似的，或者，好像那个特质可以脱离整个人格单独存在似的。

我们认为，精神分析和精神病学文献[9] 也许比标准心理学文献更有用，因为它对个人心理和行为的描述，相对更复杂，更全面。相对于单个特质，考察经理人的人格类型也许更有用。人格类型包括一套相互关联的行为模式，考察人格类型相当于考察多个相互关联的特质。弃单个特质而就整个类型，一能既见树木又见森林，二能让我们更好地把握经理人行为背后的心理动力学原因。

精神分析客体关系[10]理论家强调，人际互动同本能需要一样是影响人格发展的核心因素。[11]儿童观察研究揭示，行为由内心世界决定，而内心世界充满有关自己和他人的持久心理表征。心理表征具有组织作用，让人能够用有意义的方式感知、解释所处的环境并做出反应。一般而言，本能需要与这些心理表征有关，转换成各种各样的愿望，通过“幻想”表达出来。幻想可以看成原始初级图式，演化得日益复杂后，就成了“可以表演出来的内心剧本”。[12]我们这里所说的幻想，不是异想天开的白日梦，而是复杂稳定的心理结构，决定着外显行为。一个人的主导幻想，就是他的“内心剧场”[13]或者说主观世界盛行的剧本。它们是构成各种神经质风格的基本组件，因此决定着持久的行为模式。

我们都有一些轻微神经质的特质，可能是害羞、抑郁、无端恐惧或者无端怀疑等。每个人都会在某些时候表现出某个神经质特质。确实，“正常”也包括很多神经质特质，不过这些特质并非集中指向同一神经质风格。但是，有少数人会展现出很多指向同一神经质风格的特质。他们十分频繁地展现这些特质，行为到了非常僵化、非常不恰当的地步。这些人通常看起来不像有病，没有古怪行为，还能应付日常生活和工作，不必向精神病医生求治。但是，如果他们是高层管理者，那么他们的性格就会大大限制他们的工作有效性。他们的神经质特质会扭曲他们对人对事的看法，强烈影响他们的目标设定、决策风格，甚至人际互动模式。

我们认为，组织关键成员的内心幻想会决定组织盛行什么神经质风格，而组织盛行的神经质风格会决定组织各个层级散布什么共有幻想、组织文化是什么色调、组织适应具有什么风格，进而强烈影响有关战略和结构的决策。我们会在后面举出很多具体例子，说明神经质风格与组织行为之间的关系；为了让读者对我们的观点有个具体认识，我们现在就举一个例子。例如，有个组织，权力高度集中在一个领导者手中，这个领导者具有偏执倾向。具有偏执倾向的人，主导内心幻想是“每个人都要害我”。他们可能被人陷害过，这种经历刻骨铭心，扭曲着他们对现实的认识，让他们很难做出理性的决策。那么，在最高领导者具有偏执倾向的组织，战略、结构和文化是什么样的呢？第一，最高领导者因为不信任下属、竞争对手等，所以很有可能过度警惕。这会导致组织大力发展控制和信息系统，像中央情报局（Central Intelligence Agency，CIA）一样收集组织内外的情报。第二，随着最高领导者因为多疑而设法把一切都控制在自己手中，组织的权力会高度集中。第三，战略很有可能强调“防卫”、减少对特定市场或者特定客户的依赖。组织很有可能尽量走多元化路线，实施紧密控制，进行大量分析。这个组织还有其他很多特点，就不一一列出了，只是强调一点，所有这些特点都清楚地表明：领导者的神经质风格可能会决定组织的战略、结构和文化的基调。

我们举的这个例子，可能会招致某些人的反对。他们会说：只有在组织的权力高度集中到了一个领导者独大的时候，神经质风格与组织行为的关系才成立；否则，组织多个高层经理人各不相同的人格对组织的影响就会互相抵消，组织就不会有什么明显的倾向。这个看法当然有道理，而且有时是事实，特别是在健康的组织中。但是，这并不表明我们的框架是无效的。第一，在很多有病的组织中，经常是一两个高层经理人给整个组织定基调——确定大的战略方向、结构模式和文化类型。第二，很多分权型组织，也就是没有哪个领导者独大的组织，组织成员往往有着多个神经质风格，或者至少两个互补的神经质风格。招聘、选拔、激励和新人社会化具有很强的塑造效果，会加强组织成员的一致性。高级经理人倾向于在招聘、选拔和激励中确保组织成员的兼容性和相似性。例如，保守、抑郁、没有安全感的高级经理人经常选择保守、抑郁、没有安全感的人做下属。确实，某些组织的文化，很大程度上决定了什么样的人会进入组织、获得晋升、掌握权力。

组织迷思、组织传说和组织故事也可能加强这个相似性，让组织成员认同共同象征、获得社区感、生出共有幻想。这些幻想涉及的是组织的起源、发展、所历艰难以及“通过仪式（rites de passage）”，涵盖组织内外的所有关系。根据米特罗夫和基尔曼（Kilmann）的说法，“组织迷思就是组织的‘精神’，这个精神注入到了各个层级的政策制定与决策制定中”。[14]拉尔松（Larcon）和蕊特[15]也就组织中幻想的一致性和互补性发表过同样的看法。他们提出了组织意象和组织身份的概念，即组织成员有意无意形成的对组织的共同看法。

这就说到了考察神经质风格和组织运行之联系的第二个原因。借助神经质风格可以预测组织的很多方面。例如，一旦确定了高管层盛行的是偏执风格，我们就会发现这个偏执表现在组织的很多方面。战略、结构和文化都有偏执迹象，甚至连环境都有表现（环境是危险的，可能是危险环境造成了偏执风格，也可能是偏执风格造成了危险环境）。换句话说，可以对组织分类，每类组织在各个方面存在一组相互关联、指向统一的特征，一旦根据组织在某个方面的特征确认出组织所属类型，就可以预测组织在其他很多方面的特征。

这里，我们必须明确一下我们的观点。我们的框架主要适用于有病的组织，也就是业绩不佳且权力集中在一个领导者手中的组织。健康的组织，权力分散，不受单单某个高层经理人的决定性影响，不会形成某种主导风格，因此不好套用我们的框架。但是，在与众多病态组织打交道的过程中，我们发现，独裁领导者的个人风格往往强烈影响着组织的战略、结构和文化，甚至强烈影响着组织所处的环境，换句话说，这个最高领导者要是神经质，那么组织的方方面面都会表现得神经质。

当然，不是所有失败组织的经营者都是神经质的。由神经质经理人经营的失败组织，集权化程度最高，战略和结构似乎特别极端或者与环境特别不匹配。还有一个更重要的指标说明组织的问题也许就是高层经理人的人格造成的，这个指标就是，组织的多个症状在主题上是相关的，都指向某种神经质风格。

五个神经质风格

我们借鉴精神分析文献和精神病学文献，再结合我们的咨询经验，确认出了五个十分常见的神经质风格：偏执型（paranoid）、强迫型（compulsive）、表演型（dramatic）、抑郁型（depressive）和淡漠型（detached）。[16]每个风格都有其具体的特点、主导的动机性幻想和相关的危险。表 2 列出了每个神经质风格的明显特点。

在下面介绍组织病理时，我们会看到各个神经质风格与各类组织的战略问题、结构问题和文化问题是如何一一对应的。我们将要提到的组织，都是失败的或者濒临失败的，即使是成功的，也至少埋有失败的种子。[17]重申一下：各类组织的很多特点都源自各自的主导神经质风格，即高管层共有的内心世界。这些特点，不仅源头相同，而且相互支持。组织的问题、优势和劣势是相通的，都指向组织的主导神经质风格。一旦根据组织在某个方面的特征确认出组织所属类型，就可以预测组织在其他很多方面的特征。然而，直到最近我们才根据咨询经验认识到，最常见的几类失败组织似乎各自都有一套反映某个神经质风格的特点。

表 2 五个神经质风格概览

	神经质风格				
关键因素	偏执型	强迫型	表演型	抑郁型	淡漠型
特点	多疑，不信任别人； 过度敏感且过度警惕； 一感觉到威胁，就采取反抗行动； 在乎别人的背后动机和言外之意； 注意范围狭窄； 冷静、理性、不易动感情	完美主义； 过度关注细节； 坚持把自己的做事方式强推给别人； 与别人的关系多是支配服从式； 主动自发； 不能放松； 细致、教条、固执	自吹自擂； 情绪过分外露； 总想吸引别人的注意； 好动，渴望刺激； 不能集中注意力	内疚感，无价值感，自我谴责，不足感； 无助感和无望感，觉得受制于环境； 清晰思考能力下降，兴趣和积极性丧失； 不能体验快乐	超然、退缩、不参与； 疏远感； 缺乏热情，很少激动； 不在乎批评和赞扬； 对现在和未来缺乏兴趣； 外表冷漠，不易动感情

（续表）

	神经质风格				
关键因素	偏执型	强迫型	表演型	抑郁型	淡漠型
幻想	我不能真正信任任何人。上司想除掉我。我最好保持警惕	我不想受制于环境。我必须控制一切对我有影响的事情	我想吸引对我而言很重要的人的注意，给他们留下好印象	我的人生无望改变。我就是不够好	现实世界让我一点都不满意。我与别人的交往都以失败告终，造成伤害，所以远离别人独处是比较安全的
危险	因为过分想要证实自己的怀疑，于是可能扭曲现实。因为防御态度，缺乏自发行动的能力	只关注内部事务，不关注外部环境。优柔寡断、拖拖拉拉；因为害怕犯错而逃避。不能机动地改变计划。过分依赖规则制度。很难看到全局	情感肤浅，易受暗示。容易凭“预感”做事。经常小题大做。	过度悲观。很难集中注意力，很难专心工作。优柔寡断、拖拖拉拉	依赖需要受挫，于是封闭内心。结果可能变得迷茫或者好斗。

偏执型组织　在偏执型组织，高层管理者的多疑（见表2）转化成了主要强调情报和控制。管理信息系统高级复杂，包含多种多样的外部环境扫描办法和内部流程控制办法。它们研究环境，确认政府、对手和客户可能会制造什么威胁和挑战。它们实施预算控制，划分成本中心和利润中心，进行成本核算，还用其他办法监控内部运营。高层管理者多疑，密切关注组织内外的人和事。为了时刻保持警惕、便于应对紧急情况，他们使用精细复杂的信息加工工具。

高层管理者的偏执还另有表现：影响决策制定。通常，关键决策者不会因为防备彼此而相互隐瞒，而是把怀疑指向外部。为了防备竞争对手，他们分享信息。而且，为了确保遇到威胁时能迅速做出恰当反应，他们在制定决策时进行大量分析。他们采取具体措施，查找问题、提出解决方案、从中选择一个解决问题。他们在制定决策时征询很多人的意见，以确保需要考虑的因素都考虑到了。然而，他们可能就同一问题征询太多人的意见。这种“多疑制度化”可以确保传至高层的信息是最准确的，但是（除了浪费宝贵的时间和精力外）可能会降低士气、破坏信任。

偏执型组织的另外一个特点是，权力容易集中在最高经理人以及那些为他们设计控制和信息系统的顾问的手中。最高经理人觉得下属会威胁到自己，于是紧紧地控制下属。他们利用下属收集信息，自己保留最终决策权。所以，权力中心位于最高层。

大量使用协调和计划委员会会议、销售会议和区域经理会议等，通过这些会议收集信息，用于决策制定。高层管理者制定大部分关键决策，决策前不征求中基层管理者的意见，决策后通知中基层管理者去执行。

偏执型组织的战略，偏被动防守而非主动出击。它们扫描环境，一旦发现挑战或威胁，就尽最大努力去应对。如果竞争对手降低价格，它们就研究对策，做出反应。如果其他公司研发出的产品很成功，它们也许就加以模仿。但是，在战略上偏执，就会非常保守。因为恐惧，所以不敢创新、不敢冒险，也不敢过分扩张资源。就这样，战略变得偏被动防御。“稳妥”至上，风险要控制到最低水平，步子要尽量迈得小一些。产品创新、市场开发，要稍微落后于竞争对手。不过，偏执型组织一般对环境变化比较敏感。

被动防守倾向的一个潜在问题是，容易造成战略既不能全面协调起来又不能始终坚持下去。偏执型组织的行动方向，容易受外部力量的影响，与既定目标、深层主题或者悠久传统都没有多大关系。“胡乱应付式（muddling through）”或者“走哪算哪式（meandering）”战略，容易造成组织无法形成强大的核心竞争力。什么都做，最后只能什么都做不好。

偏执型组织经常使用的一个战略是，产品市场多元化。多元化的目的是，分摊风险、减少依赖。组织同时经营数个往往互不相关的业务，每项业务都任命一个分部经理负责日常运营。然而，为了监控各项业务，组织只能把管理信息系统打造得越来越高级复杂。为了降低风险，于是多元化，而多元化要求更加精细复杂的控制和信息加工机制，这进而会强化偏执倾向。

组织为什么变得偏执？原因往往在于经历过创伤。环境变化也许导致组织突然陷入危机。重要市场干涸，强大新对手进入市场，政府通过对组织不利的法规。这些造成的创伤也许导致经理人变得非常多疑、非常恐惧，失去勇气，或者认识到需要改进情报系统。因此，在充满危险又变化无常的环境里，可以见到很多偏执型组织。

下面说说我们在咨询中碰到的一个偏执组织。半导体制造商执科公司（Paratech，Inc.）[18]，由两个创始人经营着。这两个创始人早先为一家电子公司工作过。那家电子公司比执科公司大很多，主要承接涉及国防的绝密项目。有三个原因导致了两个创始人的偏执。第一个，那家大型电子公司发生过一起苏联间谍盗取宝贵设计的事件，他们恰好经历了这个事件。第二个，一家竞争对手经常用执科公司构思出来的产品在市场上打击执科公司。最后一个，半导体行业破产率很高。

两个创始人想方设法防止创意被盗。他们细分工作和流程，这样公司只有少数几个关键人员全面了解产品。他们很少把项目分包出去。他们用高薪挽留员工。然而，这三项预防措施结合在一起，让执科公司成了业界运营成本最高的公司。

两个创始人的其他一些做法也反映出他们的偏执。第一，众所周知，他们所在的行业，越肯冒险，获利越大，而他们非常保守。例如，与竞争对手相比，执科公司花在研发上的钱少得可怜，因此产品开发较慢，利润率是业界最低的。第二，尽管创始人仔细扫描环境看竞争对手在忙什么，但是，不幸的是，他们等待太久，直到市场做出反应，才决定模仿什么。拖延的代价很高，因为高科技产品市场饱和得很快。第三，执科公司既不想错过任何一个细分市场，又不想过度依赖任何一个细分市场，于是进行多元化。但是，它铺得太广太薄，不能形成任何核心竞争力。所有这些做法都限制了执科公司的赢利能力，让它成为这个繁荣行业中最不成功的公司之一。

强迫型组织　强迫型组织好像与程序联姻了。每个操作的每个细节，都提前认真计划好，按程序化方式执行。贯彻、完成、遵守既定的标准化程序，一再受到强调。这些是强迫型组织在结构、战略和决策制定方面表现出来的主要倾向。

强迫型组织特别强调正式控制和信息系统，这一点与偏执型组织比较相像。不过两者有一个关键差别，偏执型组织主要是为了监控外部环境，对比之下，强迫型组织主要是为了监控内部运营。

操作尽可能标准化，制度流程精细复杂。不仅有生产和营销流程，还有着装要求，销售会议频次要求，甚至对员工态度也有要求。一切都有规定，一切都系统化了、条文化了。

等级森严。工作职位决定个人地位。这也许是因为领导者的性格有非常强迫的一面，这个强迫的一面通常表现为特别关注控制。具有强迫倾向的人，总是操心下一步是什么、如何做到下一步（见表2），尤其是在组织的内部运营失控了或者组织受制于其他组织/环境的时期。结果，具有强迫倾向的经理人努力降低不确定性，把目标规定得尽可能清晰并坚定地去实现。必须不惜一切代价避免意外。如何做到这些呢？当然，通过强调等级制度来实现控制紧密化、流程标准化(如果可能的话，人员和态度也要标准化)、权力集中化。

强迫型组织的战略制定，也同样关心具体细节和既定流程。第一，每一步都经过非常认真的计划。通常有大量行动计划、预算和资本支出计划。每个项目都经过非常认真的设计，有很多检查点以及详细的评价标准和进度安排表。经常有个专门做计划的部门，人员是从其他部门或者分部抽调过来的专业人员。

强迫型组织的战略制定，以既定主题为基础，具有长期导向。它们对自己定位清晰，有一套核心竞争力，它们的计划反映了这些东西。它们根据自我定位而非环境变化来制定战略。例如，有些组织要做一流的创新者，于是努力率先推出新产品，不管客户是否需要。有些组织则要做一流的高效率低成本制造商，于是努力优化设备、控制成本等。还有一些组织特别强调产品质量。因此，相对于偏执型组织来说，强迫型组织的战略主题往往比较清晰、比较坚定。而且，强迫型组织会精心选择目标市场，一旦选好就立足于这个市场做好做强，不会三心二意涉足多个不相关行业。强迫型组织中没有企业集团。不幸的是，随着市场的变化，既定主题也许变得不合时宜。但是，因为坚持传统、关注内部，所以强迫型组织意识不到主题过时了。对强迫型组织来说，变革尤其难！因为思维固化，它们很难下定决心顺应时代发展改变战略主题。因为墨守成规，它们通常要经历很长一段时间的犹豫怀疑和思想斗争才能下决心彻底改变。

外部环境必须相当稳定，从不出现任何大挑战。否则，按部就班的强迫型组织会迅速死去。强迫型组织通常处于霸主地位——比主要竞争对手更大更强。如果环境发生变化，比如，产品市场变了，强迫型组织一般也有能力忽视之，至少暂时忽视之。实际上，强迫型组织所处环境要是发生了变化，这个变化往往是它们自己制造的。

迷尼西亿公司（Minutiae Corporation）是一家典型的强迫型公司。过去的20年，它一直控制在创始人兼首席执行官戴维·理查森的手中。它制造的有轨电车用滚珠轴承，价格比竞争对手贵，但无疑是最好用的。理查森是机械工程师出身，不仅非常有才华，亲自设计了公司的产品，而且追求完美，要求公司按照极其精确的规格生产产品。迷尼西亿的质量控制流程是业界最严格、最精细的。机器总是保养得很好。公司的战略非常强调生产最优质、最耐用的产品，多年来这个战略确实有成效——让迷尼西亿成了业界最大的公司。

然而，在过去的5年里，行业中较小的公司开始率先使用新材料，以更低的成本生产出质量相当好的新产品，进而降低了价格。理查森坚决不用新材料和新技术，因为用新材料和新技术制造的产品耐用性会降低。结果，现在，迷尼西亿的产品价格是竞争对手的两倍，市场份额大大降低。理查森痴迷于产品的质量，忽视了产品的总体吸引力，结果让产品丧失了竞争力。迷尼西亿的战略聚焦在很窄的一个区域，因此很难在不断变化的环境中生存下去。

表演型组织　它们在很多方面对得起“表演型”这个名字：冲动、极度活跃、胆大得令人吃惊、放纵得令人咋舌。它们的决策者活在一个基于直觉而非分析的世界（见表2），对项目、产品和市场的选择十分随意，所涉领域非常多，各个领域之间没有多大关联。他们有很强的表演欲，把大部分权力留在手中不下放，随心所欲做冒险的事情。

首先说说表演型组织的战略，因为其他一切都依随着战略以及战略制定风格。战略主题是大胆、冒险和多元化。它们的高层决策者（往往属于企业家型），对现实环境视而不见，努力创造自己的环境。他们一会儿做这个市场，一会儿做那个市场；他们不断引入新产品，抛弃旧产品。这些重大行动往往十分大胆，经常把组织很大一部分资产置于危险之中。这些战略举措，大都是盲目地追求“做大”。它们的目标是无拘无束地成长，反映出高层经理人强烈的自恋需要。他们渴望受人瞩目，他们想站在舞台中央向世界展示他们是多么伟大。顺便提一下，经理人约翰·德罗宁（John De-Lorean）好像就是这样，他最初在通用汽车工作，后来辞职去北爱尔兰开办了自己的汽车厂。

尽管喜欢表演，但是它们的战略既没有全面协调起来也绝没有始终坚持下去。它们的各项冒险事业很少相互配合，有时甚至相互冲突。目标变成为了行动而行动——为了表演，为了引人关注。这样的组织，经常因为最高决策者的个人喜好，上年进入一个市场，下年就离开，进入另外一个完全不同的新市场。在这个过程中，多个即将到手的市场利基被放弃了，大量组织资源被浪费了，承担的风险可能十分大。

大家可能已经料到，表演型组织的决策风格十分草率。决策者根本不认真思考就冲动地做出决策，凭借的多是直觉和粗浅印象，而非理性分析。多元化程度越高，摊子铺得越大，需要处理的复杂问题越多，首席执行官越没有时间和精力在决策之前认真思考。让情况变得更严重的是，首席执行官做关键决策之前很少征询下属或参谋专家的意见。表演型组织不知参与式决策和共同协商为何物。分析很少，重大投资项目经常是拍脑袋决定的。

表演型组织的结构相对于其广阔的市场来说太过原始。它们一般成长得太迅速，多元化得太随意。第一，太多权力集中在企业家型的首席执行官手中。这样的首席执行官连分部和部门的常规事务都要插手，因为他们想在一切事情上盖上自己的印章（想把一切功劳归于自己）。太多战略和运营问题让他们应接不暇，结果，组织定位不稳。紧随这种过度集权而至的第二个结构问题是，缺乏有效的信息系统。高层经理人很少扫描环境，因为他们一没有什么时间，二宁愿靠直觉而非理性行动。即使中基层管理者收集信息，信息也不能发挥作用，因为中基层管理者对决策没有什么影响力。因为组织成长过快，所以控制系统经常是过时的。因为冲动的投资和并购，所以运营很快出现问题，但是很久才被人意识到。最后，因为领导者支配性强，所以内部沟通效率低下。

表演型组织的内部沟通，大部分是自上而下的，向上沟通、横向沟通都很少见。

当然，让信息系统的所有这些不足变得更为严重的是，组织的多元化，以及组织各分部或部门在目标、方法和沟通风格上高度不一致。[19]

我们再举一个在咨询中碰到的案例（也经过化名处理）。肯·雷恩在几个投资银行家的帮助下，买下了一家半死不活的消防设备制造公司，把它变成了雷恩公司。雷恩的第一个任务是把公司救活。为此，他重新制定了营销战略，好利用几个成长之中的市场。他撤掉了几个销路不好的产品线，解雇了很多比较差劲的管理者。18 个月后，公司的盈利情况就变得非常好。投资银行家大为惊叹，他得意扬扬。他想，是时候做些更大、更漂亮的事情了。

他利用刚刚积累下来的资本，收购相关行业的公司，按照以前的办法把它们扭亏为盈。一连串成功让他变得野心更大，开始收购非相关行业的公司。因为他过去的表现一直很好，所以雷恩公司的股价涨了好几倍，这让他可以通过买卖股票以合理价格收购新公司。作为扭亏为盈专家，他收购的都是一些深陷困境的公司。

买来的公司，有的病得比他以为的要严重。雷恩公司迅速扩张，变得越来越大、越来越复杂、越来越多元，然而他仍然坚持所有关键决策都由自己做。公司是他的，战略是他的，取得了成绩，功劳就归他。他定大方向，只让参谋专家丰富细节。他觉得，参谋专家的意见，他想听就听，不想听就不听。他这么想，也是这么做的。因为坚持不假手他人，又因为生性胆大，所以他做决策又快又冲动。这么做，他犯下的错误越来越多。他不断收购新公司，不得不忽略现有公司的运营问题。利润开始大幅下降。最终，他的过度扩张引起了投资银行家的警惕。为了让雷恩公司不至于破产，他们不得不亏本甩卖了很多新分部。

抑郁型组织　它们的特点是，没有活力、缺乏自信、极端保守、“闭关锁国”。极端被动，漫无目标。工作按部就班，不需要个人能动性。组织像一潭死水，组织成员像活僵尸。

大多数抑郁型组织所处环境是稳定的——只有在这样的环境中，它们才能长期存活下去。一般而言，抑郁型组织有着悠久的历史，服务于成熟的市场，多年来一直使用同样的技术、同样的竞争模式，满足同样的客户偏好。所处的行业，通常实行贸易保护或限制贸易并执行高税率。初级钢铁业、农业化工业和工业化工业，是抑郁型组织的集中地。环境变化缓慢、竞争不激烈，管理因此变得简单。一般而言，抑郁型组织只盘踞在一个几乎从不变化的较窄市场。

可以料到的是，抑郁型组织非常官僚。生产工艺相当自动化，管理流程数十年不变。几乎是组织自己在经营自己。一切都按照计划——或者更准确地说按照政策和程式——自行运转。组织就像机器，正式流程、标准程序和规定方法是传动装置。实际上，抑郁型组织与社会学家韦伯（Weber）所说的官僚机构有很多相似之处。

正式权威高度集中，以职位而非专长为基础。从这个意义上说，组织等级森严。尽管如此，权力斗争并不明显。实际上，组织没有真正的领导，不做真正的决策。组织通过行政命令实施控制，不允许个人发挥能动性。变革提议遭到抵制，无所作为普遍盛行。高层经理人似乎普遍有一种无力感，觉得自己几乎不能改变任何事情，没有办法让组织恢复活力（见表2）。

这样的组织存在领导真空。组织没有方向感，随波逐流。最高经理人放弃了努力，不再给公司指引方向，只是充当被动的公务员，保持现状，不思进取，得过且过。最高层的领导真空，有时会诱发第二层经理人要弄政治手段。然而，他们兴起不了多大的风浪，因为组织本身缺乏活力。[20]

抑郁型组织的最后一个结构特点是，信息系统是内部导向的，也就是说，不注重收集有关外部环境的信息。像机器一样自动运行、满足于现状、不思进取的组织，很少做重大决策，因此不关注环境变化、不去寻找市场中的关键威胁和弱点。它们缺乏内部沟通渠道，因此，决策者很难获得优质信息，部门之间很难进行有效合作。很难说清，是发展停滞导致了对信息收集漠不关心，还是对信息收集漠不关心导致了发展停滞。不管是哪种情况，这两个现象在抑郁型组织都形影不离。

这就说到了抑郁型组织的战略和决策制定。如果说有类组织根本不会有意识地制定战略，这类组织就是抑郁型组织。高层经理人一方面没有目标感，一方面对组织漠不关心，因此显得根本不想给组织任何清晰的方向、定位和目标。组织从不明确考虑战略问题，因此不会发生有意义的变化。组织成员普遍比较悲观。产品和市场一成不变，与其说是因为组织在战略上保守，倾向于规避风险，不如说是因为组织死气沉沉，无心考虑战略问题。管理者的注意力放在组织内部，很少收集有关外部环境的信息。他们把大部分时间花在纠缠细节问题并拖延重大决策上。实际上，在外人看来，抑郁型组织好像患有紧张神经症。它们表现出来的样子，不是努力适应、成长、提高有效性，而是静止不动，要动也是被动。

本书作者见过很多有这些表现的组织，特别是那些被企业集团收购了的组织。例如，有家被收购的公司，在原先的最高决策者离开后（一位有着企业家精神的经理人），被迫转变管理风格。应母公司要求，它引入了新的精细控制流程，其中有很多与它的具体业务不相干；它还形成了新的市场战略，这个市场战略可能适合母公司但不适合它。母公司对它这样缺乏了解，最终扼杀了它的能动性。关键经理人觉得自己对它几乎没有控制力，于是变得对它漠不关心。其中有些比较能干的，最终辞职，到其他没有诸多限制的公司另谋高就。经过一段时间的发展停滞和连续亏损，千疮百孔的它被母公司贱卖了。

我们还遇到了一家抑郁组织，奶制品制造商密鲜公司（Sealed Fresh Company）。经营者名叫罗德里克·肯特，60岁出头，35岁时从父亲那里接管了密鲜。密鲜自创立以来就没有发生多少变化：生产技术一成不变，所售产品一成不变，服务地区一成不变。最近几年，肯特享受着每周只工作25小时的待遇。他只关注微小细节，比如，修改产品标签，成本上升后提高价格，给员工主持退休典礼。肯特的身体不是非常好，想卖掉公司，正在寻找买家。没有几个公司感兴趣，因为密鲜过时了：设备老化，市场衰退，产品没有特色。销量增长特别缓慢，利润率低于业界平均水平而且仍在继续降低，亏损越来越严重。

营销副总裁一直建议肯特改变产品组合，重点生产越来越受欢迎的产品，比如“全天然”冰激凌、果味酸奶。她还建议进军几块成长比较迅速的市场、努力签下几笔比较赚钱的批发合同。肯特以成本太高、风险太大为由否决了所有这些建议。实际上，他就是不想让他的工作、他的生活变得复杂。密鲜就像一台破旧的机器，在惯性的作用下，继续蹒跚而行。渐渐地，竞争对手抢走了越来越多的好业务，只给它留下一群摇摆不定的客户。

淡漠型组织　淡漠型组织有个特点与抑郁型组织相同，即存在领导真空。它们的最高经理人，因为害怕情感卷入而回避人际交往。淡漠型领导者体验不到快乐，认为世界充满痛苦，到处是让人郁闷的人和事（见表2）。也许因为经历过失望，他们认为大多数关系都会以痛苦收尾。结果，他们倾向于用白日梦来补偿所欠缺的满足感。有些淡漠型组织，第二层经理人能够用自己的热情和外向来弥补最高经理人的不足。[21]然而，大部分淡漠型组织不过是权力角斗场，因为最高经理人不过问公司事务（显得对公司事务不感兴趣），其他经理人就趁机为自己牟私利。

这种行为的一个关键后果是，第二层经理人为了赢得最高经理人的青睐而钩心斗角。领导真空与钩心斗角结合起来，导致战略和结构呈现出有趣的特点。没有全面协调的营销战略。最高经理人没有安全感、沉默寡言、态度不明朗，显得对组织不感兴趣，立场不坚定，在爱将的提议与其他人的提议之间犹豫徘徊。组织因此没有清晰的方向感。第二层经理人阴险狡诈，野心勃勃，企图在战略制定中影响犹豫不决的最高经理人，推进对自己有利的项目、扩张自己的势力。结果，你方唱罢我登场，一会儿这拨人受宠，一会儿那拨人受宠，这拨人的努力还没见成效，就被那拨人颠覆。

战略与其说是对外部关键威胁和机会以及内部关键优势和劣势仔细权衡的结果，不如说是各有所图的人进行权力斗争的结果。战略还可能是最高经理人内心幻想的产物，但是这种情况不常见，因为最高经理人的冷淡漠然、无动于衷会妨碍他们自己把想法转变成行动。除了没有目标外，组织还偏于保守。派系斗争激烈，这一派提议，那一派就反对，这一派建设，那一派就破坏。因此，组织只能发生很小的、渐进的、零散的变化。

我们已经暗示过淡漠型组织的结构特点。部分权力落在第二层经理人手中，几乎所有决策都由第二层经理人发起。第二层经理人钩心斗角，很大程度上是因为最高经理人，他犹豫不决、沉默寡言，疏远了那些适应良好的管理者，身边只剩下那些擅长投其所好的管理者。这些第二层经理人很少密切合作，经常各自为政。结果，组织四分五裂。

组织四分五裂，就会妨碍协调和沟通。管理者把信息更多地用于争权夺势，而非适应环境；他们设置实实在在的障碍，阻止信息的自由流动。但是，这并不是信息系统的唯一缺点。另外一个缺点是，不扫描外部环境。公司的兴趣在内部——管理者只关心自己的前途，一心想着迎合最高经理人的愿望。第二层经理人觉得最好忽略现实世界中的事情，因为这些事情也许会让他们的行为显得丢脸，或者与冷漠淡然的最高经理人的愿望相冲突。

女装制造商柯尼希公司（Cornish Corporation），就是两个第二层经理人钩心斗角的战场。它的经营者塞尔玛·吉特尼克，曾经是一位非常成功的经理人，但是女儿的自杀以及最近的离婚让她这个原本就不喜欢与人交往的女人变成了隐士。她很少离开办公室，也很少让其他管理者去她办公室见她。相反，一切事情都通过便函来安排。她的这种慢速沟通法引起了严重问题，因为时装市场千变万化，公司需要迅速反应。

吉特尼克保留着重大事情的最终决策权，但是别人很难与她说上话，而且，她对第二层经理人的权责划分很不明确。因此，第二层经理人不得不做出大部分决定，但是，因为第二层经理人不清楚自己和别人的职责权限，所以每个决策都不可避免地涉及第二层经理人之间的权力斗争。

设计部的人认为自己可以决定最终的设计，但是营销部的人总是指责他们无能、总想推翻他们的决定。两个部门的关系闹得很僵，于是，两个部门的负责人都给吉特尼克写信，抱怨另外一方，让吉特尼克做最后决定。吉特尼克的回复含糊不清，只是告诉两个部门负责人要好好合作。争吵继续下去，设计迟迟得不到决定，结果，竞争对手买去了最佳设计。此外，柯尼希的新产品上市耽搁了两个月，结果错过了最佳销售期，销售量少得可怜。

表3总结了每类神经质组织的优缺点。要是我们的框架有预测力，那么这个表格就可以用于初步诊断组织的问题。

表3 五类神经质组织的优缺点

潜在优点	潜在缺点
偏执型	
非常了解组织内外的威胁和机会； 通过多元化降低市场风险	战略不能全面协调起来、不能始终坚持下去； 最高经理人制造的怀疑氛围，让第二层经理人及其下属没有安全感，不敢憧憬未来
强迫型	
内控精细，运营高效； 产品营销战略整合良好、焦点清晰	太过固守传统，战略和结构跟不上时代； 太过按部就班，官僚作风盛行，反应不灵活不恰当； 管理者缺乏影响力和自由裁定权，于是心怀不满、缺乏主动性
表演型	
冲劲十足，容易度过艰难的创业期； 有些想法利于振兴疲软组织	战略不能坚持下去，而且风险极大，导致资源紧张； 盲目而危险的扩张政策； 第二层经理人不能充分发挥作用

（续表）

潜在优点	潜在缺点
抑郁型	
内部流程高效； 战略焦点清晰	战略跟不上时代，组织停滞不前； 限制在垂死市场； 因为产品线太差而没有竞争心； 管理者死气沉沉、懒懒散散
淡漠型	
第二层经理人共同制定战略，因此会议不大可能变成“一言堂”	战略不能坚持下去，容易动摇； 争权夺势，决策并不考虑组织整体利益； 领导真空； 怀疑氛围，阻碍合作

破译意符

研究组织，其实就是在破译意符。[22]人总是喜欢在混乱中建立秩序，在纷杂中寻找规律。作为组织研究者，我们好奇的是，为什么组织做这样的决策而不是那样的决策、制定这样的战略而不是那样的战略，为什么组织最终形成了这种结构而不是那种结构，为什么组织选择这个人而不是那个人做某个工作。我们想做的是，识别出构成组织样貌的“意符（signifier）”，就是那些能让我们了解组织的正式和非正式结构的线索，一般要从组织成员的共有幻想中去寻找。在某种意义上，我们也在寻找这些“意符”背后的含义——是什么引起了它们，它们“意味”着什么。

我们认为，组织的战略、结构和文化的很多方面是高层管理者的神经质风格和幻想的意符（或者说函数，也就是，前者影射、反映了后者）。说得更具体一点就是，高层经理人的神经质风格似乎给组织的文化均匀地涂抹了一层颜色，让组织迷思、组织故事以及组织成员共有的信念呈现出共同的主题。而组织迷思、组织故事以及组织成员共有的信念都是长久存在的，会反过来强化组织的神经质风格，让组织在战略、结构和文化上呈现出一组相通的特点。

确实，我们的框架好像有些预测力。我们认为，可以在五个常见神经质风格及其相关幻想的基础上建立一个具有预测力的组织病分类标准。我们觉得，一旦确认了高管层的主导神经质风格，就不仅能预测组织文化有何特点、组织成员共有幻想有何特点，而且能预测组织战略和组织结构有何特点。我们认为，这些个人特点和组织现象一起构成了一个完整的格式塔。知道了格式塔的某些特点，就能参考分类标准预测格式塔的其他特点，就像全息照相窥一点而知全貌一样。格式塔的各个特点是互成体系的，共同揭示了组织为什么会形成这样的弱点而不是那样的弱点，也揭示了组织的弱点是如何与组织的战略、结构和文化以及管理者的人格相连的。我们的框架可以发展成假设，因此是可以验证的。

要是以后的实证研究支持我们的框架，那么我们的框架就对管理实践有很多启示。第一个启示，组织的问题往往有着很深的根源，那就是高层经理人根深蒂固的神经质风格和内心幻想。而且，组织的问题往往表现很广，体现在组织的结构、战略和文化中。高层经理人的神经质风格和内心幻想与组织在结构、战略和文化方面的问题，相互强化、相互渗透，因此都很难改变。要想发动有效的变革，只有查找组织问题的根源——但是，问题扎根那么深、表现那么广，这一点就很难做到。头痛医头脚痛医脚的变革并没有多少效果，治标治本的变革又非常昂贵、很难实施、从政治角度考虑并不明智。既然我们的五类常见组织病，表现那么广、主题那么统一，那么携带标准工具箱的管理顾问是不大可能关注它们的。只要组织的经理人坚持他们共有的不良幻想，那么不管是安装信息系统，还是使用战略业务单元、委员会或矩阵结构，还是实施组织发展与工作生活质量项目，就一点用处都没有。只有结合组织实际，由适应良好的经理人来实施，这些解决办法才会产生效果。我们并不是说，神经质风格总是不好的东西，一旦发现就要加以改变。它们有时与组织所处环境十分匹配。但是，一般而言，它们会导致僵化，妨碍适应。长期来看，只有各种风格轮流转换或者多种风格和谐共存，组织才能取得成功。

我们的框架还意味着，经理人必须对这五个病态风格保持警惕。不过，人很难意识到自己的病态。既然如此，那么可取的做法也许是，检查一下组织，看看其具体结构、战略和文化是否全面符合上述几个病态类型中的一个。如果答案是肯定的，那就该公开讨论（要用语言表达出来）共有幻想，来个彻底检查。这样的讨论，通常需要一个见多识广的外部人员的激发，而且需要投入大量时间和精力。在讨论中，最好检查一下高层经理人的幻想相似度。高层经理人的幻想越统一，脱离现实、变得褊狭的危险就越大。然后，组织也许就会认识到，应该吸引一些有着不同人格和幻想的人加入进来，以创造健康的多元化氛围。

为了确保关键经理人的性格多样性，也许要改变招聘晋升政策。经理人倾向于提拔与自己相像的人，这一倾向不该被低估。还有一些微妙的社会化过程，对性格有塑造作用。既然组织容易会聚风格相似的管理者，那么就要对多元化不足导致的组织病保持警惕。

讨论了高级经理人的神经质风格导致的组织范围内的运行不良后，接下来我们要把焦点放在群体水平。我们要考察群体动力学对非理性幻想的形成有何影响。

第 2 章　共有幻想和群体过程

群体特别容易听信谣言、受外界影响，群体没有批判能力，对群体而言，没有什么是不可能的。群体的思考，用的不是概念而是形象、不是推理而是联想（就像个体进行自由联想时，头脑中冒出一个又一个形象似的）。群体的感受，总是非常简单、非常夸张。所以，群体不知怀疑和不确定为何物。

——西蒙·弗洛伊德（《群体心理学与自我分析》）

当个体聚成群体，某种形式的集体心理活动就会产生，共有的感知、欲望就会形成，而这些往往又会生出共有的幻想。在第 1 章，我们集中讨论了关键个体管理者的各种神经质风格，以及它们可能对整个组织带来什么影响。现在，我们要集中关注组织内群体的各种共有幻想，以及它们可能对群体的运行造成什么影响。我们还要说明，这些共有幻想会如何影响组织的决策、结构、战略和文化。当然，如果群体是高管层而组织又小，那么两章的结论就会重叠。

对群体运行感兴趣的精神病学家、心理学家和精神分析师，在观察的基础上多次讨论过共有幻想的组织功能。[1] 他们指出了共有幻想是如何制造象征现实的，还指出了共有幻想是如何影响群体成员的行为的。在一篇经典研究中，比昂假定，像个体有个体心理一样，群体也有群体心理。他把群体心理比作汇聚群体成员愿望、观点、思想和情绪的“池子”，“池子里的东西具体来自哪个成员，并不清楚；成员把冲动和欲望放到池子里，就有可能获得释放和满足；池子的形成，不能单靠一个或者一部分成员的贡献，而是要靠全体成员的贡献”。[2] 比昂指出，“群体心理并不等于多个个体心理的加和，前者是均匀一致的，后者是五花八门的”。[3]

另外一个群体行为学者罗伯特·贝克斯（Robert Bakes）也强调了群体心理的重要性。他说，当“某个或者某些成员在与另外一个或者一些成员的沟通中出现了具有潜意识含义的符号”[4]，就会发生一系列事情，群体幻想就是在这个过程中形成的。他把群体幻想的形成分为几步：“(1) 挑选用于进一步讨论的符号；(2) 根据偶然事件赋予符号含义；(3) 丰富刻意选择的符号和随机创造的含义；(4) 在换了主体的沟通中，继续‘丰富’，直至“丰富”这个动作传遍群体；(5) 群体过程呈现出‘连锁反应’的性质——不再借助外力就能自行一环扣一环地发生。”[5]

组织文化的基础

以上连锁反应会制造出一个象征现实，这个象征现实很像人们通常说的组织意识形态、组织文化、组织意象或者组织身份。这些术语在文献中经常出现，但是很少有人探究其具体含义，更少有人探究共有幻想以及共有幻想对组织文化和组织运行来说意味着什么。因此，我们也许可以问问自己：非常基本的共有幻想是什么样的？浸淫在同一组织文化的人在行为和信念上有什么共同点？这些基本的共有幻想对组织运行有多大的影响，在组织运行中有多强的表现？

也许最好先举个例子。最近在一家大型企业集团的一个子公司的继任计划会议上，本书的一个作者目睹了一类群体幻想的一个简单表现。

主持会议的是母公司负责人力资源的高级副总裁，到得比较晚。等候期间，子公司的一个副总裁讲述了自己亲历的一次事故。最近，朋友驾驶私人飞机带他出游，途中不知何故越飞越低。为了让飞机重新获得高度，朋友让他换个位子、匀匀重量。他强调说，他当时是多么焦虑——我们很多时候不堪一击，而且，我们意识不到我们是那么脆弱。接着，子公司的另外一个副总裁也讲述了自己亲历的一次事故。有一次他去芝加哥，飞机就要起飞时，有个引擎着火了。他说，乘务员安排乘客排队走出飞机时，乘客慌得不成样子。接着，子公司的另外一个经理人也讲述了自己遇到的一次意外。他在黎巴嫩港口贝鲁特（Beirut）逗留期间，在离开宾馆后碰到了狙击兵开火。聊天就顺着这个话题继续下去，直到高级副总裁最终现身。

我们与这个子公司合作了很长时间，发现其高级经理人越来越担心自己的工作。他们觉得，子公司被收购后，就一直受到母公司的“攻击”。受困心态形成了，不断表现在大家的讨论中，就像上述事故讨论似的。不过，一般而言，他们的焦虑并不是泛泛的，而是有具体针对的东西，比如，他们的工作，他们的组织。上述事故讨论以及其他很多诸如此类的讨论说明，被害群体幻想非常广泛、非常普遍。

被害幻想不是凭空出现，而是有形成背景的。被收购之前，这个子公司一直是业界最红火的公司。被收购之后，其销量和利润开始下降。实际上，有些比较能干的经理人已经离职了，给出的理由是，母公司的经理人不够灵活、不够宽容，对子公司了解不够，经常做一些令他们反感的事情。一味削减成本、大量裁减管理人员、粗暴干涉决策制定，弄得子公司人心惶惶。很多管理者（有充分理由）认为，他们可能就要失去工作，他们可能就要没了前途。上述事故讨论和人心惶惶的“群体文化”，似乎就反映了所有这一切。

我们研究最基本的共有幻想时，借鉴了比昂的开创性工作。[6] 比昂通过研究注意到，所有群体行为都分为两个层面。第一个是“工作（work）”层面，以现实为基础、以目标为导向，是理性的、有意识的，主要功能是执行具体任务。第二个是“基本假定（basic assumption）”层面，处于更原始的水平，由潜意识的愿望、恐惧、防御、幻想、冲动和投射等构成，是非理性的、无意识的，主要功能是应对焦虑。比昂认为，“基本假定”层面影响着“工作”层面，决定着“工作”层面的色调。

“基本假定”是比昂在团体治疗中发现的，不过，我们认为这一框架也适用于组织中的群体，即那些决定组织的战略、结构和流程的群体。[7] 我们认为，群体基本假定是构成组织文化以及组织迷思、组织传说和组织故事的主要模块。它们在组织的社会-幻想水平上起作用。我们随着比昂，把群体基本假定分别叫作战/逃（fight-flight）假定、依赖（dependency）假定和配对（pairing）或乌托邦（utopian）假定，把对应的群体叫作战/逃型群体、依赖型群体和配对型或者乌托邦型群体。过去的 30 年间，比昂及其追随者在位于英格兰的塔维斯托克心理研究所（Tavistock Institute）的临床实践中，不断遇到这三类群体。

战/逃型群体，成员共有的基本幻想是，有个共同敌人要对抗或者躲避。对比之下，依赖型群体，成员共有的基本幻想是，有个无所不能的领导者可以滋养、保护大家。比昂说的配对型群体，即我们说的乌托邦型群体，成员共有的基本幻想是，总有一天，会出现一个人或者一个思想，给大家提供终极救赎。

怎么识别一个群体的共有幻想到底是三者之中的哪一个呢？可以从群体的防御机制以及与防御机制相伴的情绪情感看出来。战/逃型群体借助非常原始的防御机制“分裂（splitting）”来应对焦虑，其成员认为世事艰辛、人心险恶，世界“非黑即白”、人“非好即坏”——符合他们需要的就是“白的”“好的”、违背他们需要的就是“黑的”“坏的”——看事情太极端、太片面，看不到灰色地带、中间地带。[8]他们拒绝承认他们的不幸在一定程度上是他们自己造成的。他们很少反省。一切都是“别人”的错。因为敌意投射到了“别人”身上，所以领导者的主要任务就是动员大家立即行动——要么战，要么逃。领导者要身先士卒，能够看出危险、识别敌人。这种群体的主要情绪情感是愤怒、憎恨、恐惧和怀疑。

依赖型群体的成员，渴望得到一个德高望重、无所不能的领导者的庇护。这种群体的主要动力学是，理想化需要。成员渴望与无所不能的领导者融为一体，以分享领导者的力量。他们渴望相信领导者做的任何事情都是好的，对不利证据视而不见。这种群体的主要情绪情感是欣喜（因为觉得与领导者融为一体、受领导者庇护、非常安全而欣喜），但是欣喜之下隐藏着抑郁（因为觉得自己能力不足而抑郁）、嫉妒（嫉妒领导者及其宠儿）和内疚（因为抑郁和嫉妒而内疚）。群体某些成员期望过高，总有一天会对领导者失望。之后，他们的态度会发生逆转，理想化变成贬低。在某些情况下，他们会推翻、换掉领导者。[9]然而，在更多情况下，他们这些“叛徒”会被逐出群体。

如果依赖型群体的领导者退休或者去世后没有接班人，群体也许就转而从领导者留下的“宝典”中吸取力量，继续领导者未竟的事业。这里的“宝典”是指领导者提出的思想路线、方针政策，经历了长期的考验，已经成了群体的传统。或者，群体也许就向外界（另外一个部门、母公司、银行或者其他机构）寻求帮助，满足依赖需要。

乌托邦型群体的特点是，成员希望，总有一天，一个新领导者或新思想会出现，解决所有问题，一切都会变好，苦难会彻底结束。似乎，没有实际的领导者，成员也照样过日子。这样的群体，活在幻想中。他们寄希望于未来，但不尽全力在今天，而是用白日梦解决冲突、获得满足。这样的群体，主要情绪情感是希望和信仰。然而，希望和信仰只能维持到新领导者或者新思想“诞生”之前。因为群体期望过高，所以新领导者或者新思想是不可能让群体满意的。最终，当希望和信仰粉碎，取而代之的就是绝望和幻灭。与此同时，这些动力学和情绪情感也许会激发出热情和乐观，还会激发出一些尝试性的、有目的的创造活动。

表 4 总结了这三类群体的主要特征。

表 4　三类群体的主要特征

基本共有幻想	特征		
	假定	主要动力学	主要情绪情感
战/逃	内部或者外部存在一个敌人要对抗或者躲避	把自己的敌意投射到别人身上；认为世界非黑即白	愤怒、憎恨、恐惧和怀疑

（续表）

基本共有幻想	特征		
	假定	主要动力学	主要情绪情感
依赖	渴望得到一个无所不能的领导者的庇护	把领导者或者领导者的“宝典”理想化（失望过后，有时就贬低）	抑郁、嫉妒、内疚、敬畏
乌托邦	总有一天，会出现一个新领导者或者新思想，把群体从憎恨、毁灭和绝望中解救出来	白日梦	希望、信仰、空想、热情、绝望、幻灭

十有八九，组织的高管层或者部门会盛行三个基本共有幻想当中的一个，可能还同时呈现其他共有幻想的某些特征。群体的不同成员，对每个基本共有幻想的易感性是不同的。每个基本共有幻想都与群体生命周期的某个阶段匹配；两者匹配的话，基本共有幻想就会提高群体运行的有效性。但是，一味地坚持某个基本共有幻想，则可能造成严重的运行不良，因为它可能夸大某些现实的重要性，让人忽略某些也许更紧迫的现实。此外，群体可能长期盛行某个基本共有幻想，但是其间偶尔会盛行另外一个基本共有幻想。例如，危机时刻，战/逃幻想也许会代替乌托邦幻想。

组织文化和动力学

高管层的共有幻想最有可能渗透到整个组织，决定组织的文化。但是，组织内部的其他群体，比如分部或者部门，其共有幻想最有可能局限在群体内部，决定群体的文化。一种基本的共有幻想弥漫成一种统一的文化之前，需要密集而频繁的互动沟通和当面接触。小群体最容易满足这个前提条件。当然，当组织的高管层换届，或者当组织面临新的挑战，组织的文化就很有可能发生变化。

过去10年间，我们作为管理顾问与很多组织打交道，一次又一次注意到其高管层或者某个部门出现了三个基本共有幻想中的某一个。考虑到我们的背景和兴趣，这一发现本身似乎就足以令人振奋。但是，远远更为重要的是，特别是对本书而言，我们还一致地发现，三个基本共有幻想各自都与某些部门水平或者组织水平的特征有着密切联系。我们会总结我们的观察所得，就组织文化以及相关的基本共有幻想如何影响组织运行形成一系列推测。我们还会指出，各种组织文化容易在什么情况下形成、造成什么情况，特别是说说组织文化与组织绩效之间的相互影响。

战/逃文化　一朝被蛇咬，十年怕井绳。经历过危机，群体成员就容易把世界截然分成“朋友”和“敌人”两大阵营。强烈的恐惧和憎恨会让感知和行为变得僵化，所以战/逃型群体坚持以征服或者甩掉敌人为目标——这个目标算不上目标，而且不容讨论。具体怎么做到，是可以讨论的，而且

要讨论出结果。战/逃型群体之所以把焦点放在手段而非目标上，还有另外一个原因，那就是目光短浅，只关注此时此刻正在进行的斗争。

管理风格是孤岛式。具体来说，世界观非常封闭、狭隘，从未变化、发展，没有真正的灵感、远见。行事冲动，一切都是为了对抗或者摆脱“敌人”——即使不再有证据表明需要这样做。僵化刻板，因为所有想法和行为都源自根深蒂固的恐惧。表 5 总结了战/逃文化的这些特点（以及依赖文化和乌托邦文化的特点）。

战/逃文化可能在两种情况下形成，第一种情况与群体的偏执模式有关，第二种情况与群体的回避本性有关。偏执可能造成对内外部敌人非常激烈或夸张的反应。这一点，我们已经在第 1 章讨论偏执型组织时看到了。但是，战/逃文化中的恐惧可能特别强烈，因为它笼罩在每个成员的心头。同仇敌忾，具有很强的动员效果，能激发成员的能量，也能让成员坚信行动的正确性。它可能带来英勇无畏的行动，但是这些行动大都会徒劳无果，因为成员的脑中存有刻板印象，而刻板印象会导致决策僵化。具有战/逃文化的部门，竞争意识强烈，积极地搜索、追踪、应对“敌人”，例如，模仿或者反击竞争对手的营销战略。忠诚度有疑问的员工，会被解雇。因为“没人可信”，所以偏执领导者独揽大权。

这种情况容易让人想起第 1 章介绍的偏执型组织执科公司。这种情况在淡漠型组织中也很常见，因为淡漠型组织也盛行怀疑和不信任。但是，这里的焦点不同于第 1 章的焦点，

表 5　三类文化的特点

群体幻想		维度				
		眼界	冲动/审慎	灵活/僵化	手段/目标明确	管理风格
战/逃		过去 短浅	冲动	僵化	手段明确 目标模糊	孤岛式
依赖	强领导者在位时	现在和未来	有些审慎不过只限于领导者	灵活	都明确	魅力型/专制型
	强领导者离开后	过去和现在 短浅	不审慎	僵化	都模糊	官僚式
乌托邦		未来 长远	非常审慎	灵活	有目标 没手段	民主型/参与式

这里的分析水平在群体（小公司、分部或者部门）及其基本共有幻想，而第1章的分析水平是组织及其高层管理者的神经质风格。这个根本的不同直接造成其他很多重要的不同。在战/逃型群体，成员都是单线思维，坚信敌人意图不轨，需要加以攻击或防范，所以决策冲动而草率。对比之下，偏执型组织重视决策前的信息收集和分析。在战/逃型群体，成员经常处于慌乱之中；在偏执型组织，高层管理者并不慌乱，只是保持警惕，而且，这个警惕不是专门针对敌人，而是广泛地针对环境中的威胁。

第二种情况，与群体的回避本性有关。因为恐惧，所以需要降低不确定性、设置屏障、把自己与敌人隔离开来。这也许表现为，关注内务、追求效率、精益生产。为了减少外界干扰、为了让运营规范化，群体制定精细繁复的规章制度和控制系统。就像抑郁型组织和强迫型组织一样，群体把焦点放在内部，好与危险的环境隔离开来。群体的态度是，“如果不可能打败竞争对手，那么至少要把他们的影响挡在外面”。联合企业和行业协会是为了避免行业竞争而建立的，部门规章制度是为了避免部门间竞争而建立的。专注于内部、与外界隔离，尽管有一定的好处，但是会造成对环境分析不足、忽视竞争威胁。

表6总结了战/逃文化（以及其他两种文化）的组织动力学。

兰斯公司的营销部门长期以来一直是决定公司战略的主导力量。实际上，在这家公司，营销部门习惯于强烈影响生产部门、研发部门和财务部门。营销总监爱丽丝·马斯顿的意见和建议总是颇受总裁重视，总裁本人就是营销出身，培养并提拔了马斯顿。

公司聘请的管理顾问，很快发现营销部门的战/逃本性。几乎所有的产品开发、广告活动、定价策略都针对竞争对手。例如，公司推出新产品或者改进已有产品，几乎没有哪次不是直接因为感受到了来自关键竞争对手的威胁。此外，广告活动强调拿自家的产品与竞争对手的产品做比较，有次这样的广告活动甚至招来竞争对手的起诉。最后，多次与竞争对手打价格战。这样，定价、广告、产品开发的负责人几乎都染上了马斯顿的一个理念：公司正在遭受某个竞争对手的猛烈攻击，必须尽力防守。

营销总监及其下属好像有受困心态，具体来说，他们自认为是某个竞争对手的主要靶子。因此，他们集中注意力躲避或攻击那个竞争对手，只分出很小一部分注意力关注客户真正需要什么。这一战略带来了一些严重的问题。例如，“具有威胁性”的竞争对手，经营者是个具有工程和设计背景的企业家，有引入新产品的癖好，结果引入了太多新产品，大大提高了生产成本和研发支出。马斯顿（至少在某个意义上）确实看出了竞争对手的这一错误，多次在顾问面前明确提到这一话题并正确地指出，客户并不欣赏也不要求多少产品创新，只是希望价格降下来。然而，她还是继续模仿竞争对手，为此付出了很多代价，却没有获得多少收益。她的逻辑是，竞争对手正在“发动攻击”，她不能“坐以待毙”。

表6　三类文化的组织动力学

组织文化	情况	结果	
		正面	负面
战/逃	偏执 寻找敌人 争强好胜	能量勃发 信念坚定	战略糟糕 四分五裂 猜疑斗争 刻板僵化
	回避 内部导向	内部运营高效 规章制度完善 受外界干扰小	“闭关锁国” 环境分析不足 忽视竞争威胁
依赖	魅力 思考和决策像权力一样集中	目标清晰 凝聚力强	下属被动，缺乏批判思维能力 领导者犯错、冒进，也没人制止
	官僚 制度流程导向	战略明确 角色清晰	过度依赖规章制度 缺乏适应 抵制变革
	被收购 权力格局改变	复兴	发生动荡 经理人变得被动、冷漠、驯服 能干经理人出走
乌托邦	技术创新 研发导向	创造力 新技术	资源耗尽 风险很大 不大考虑现实
	组织创新 乌托邦结构	和谐 合作 民主 适应能力很强	过分理想主义 否认当前现实 不断尝试“灵丹妙药”

这当然招致了研发总监和生产总监的不满，他们首先指责马斯顿太过强调新产品开发，其次指责她造成多条生产线更新改造被打断、效率低。财务总监抱怨说，频繁的价格战、花样过多的产品线开始造成亏损了。受困心态变强了。现在，马斯顿要是说其他部门对她的观点有敌意，也不算冤枉其他部门。现在，她不仅在公司外部发现了敌人，而且在公司内部发现了敌人。与此同时，因为屡次受到其他部门的责难，所以她的关键下属更加相信她对局势的判断。偏执助长偏执，结果，所有涉及其他部门的议题，都由政治斗争和冲突决定。一种“敌我分明”的态度就这样出现了。

营销战略具有很强的战/逃倾向，眼界短到极致。没有全盘战略，走一步算一步。以什么为目标，讨论什么议题，完全取决于当前遇到什么危机。决策迅速而冲动。营销部门所有关键管理者都对竞争对手的策略形成了条件反射，只要关键竞争对手改变价格、广告或者产品线，营销总监就会立即反应。他们碰到一起就讨论如何应对新出现的竞争威胁，也不在乎反应方式是否适合市场背景。

依赖文化　与战/逃文化有很大的不同。它可以分为三个阶段，不同阶段，情绪情感类似，但行为模式迥异。第一个阶段，膜拜魅力型领导者，一般发生在初创时期。领导者也许是企业家类型的人，非常有魅力，下属对他心悦诚服，非常相信他的目标、才能和战略。这样的文化让人想起表演型公司的某些特点。

受这类依赖文化影响的小公司或部门，往往着眼当下：

关注领导者当前的思想，以及这些思想对行动的启示。魅力型领导者往往说干就干，而且能发动下属跟着他一起干。依赖型群体尽管看起来不像战/逃型群体那么冲动，但是也不比战/逃型群体审慎多少。领导者充满魅力，说一不二。下属非常信任他，从不质疑他，因此群体很难形成有利于反思和分析的氛围。决策之前通常不会经过多少思考，有限的思考也大都是领导者做的。领导者没有三思而后行的习惯，因为他权力很大，行动自由很大，可以随心所欲改变目标和手段。因为目标和手段可以变化，所以群体的行为模式具有一些灵活性。在依赖型群体，把群体成员绑在一起的是领导者的个人魅力，所以领导者想怎么干就怎么干，不会失去群体成员的支持（战/逃型群体就绝不是这样。在战/逃型群体，把群体成员绑在一起的是深层恐惧，领导者之所以被选为领导者是因为他恰好能反映并表达群体成员既有的担忧和恐惧，他只要不再这样就会丧失权力）。确实，只要强领导者依然掌权，依赖型群体的领导就可能是魅力型兼专制型的。

有了魅力型领导者，群体成员就觉得有人可依靠，于是产生目标感、凝聚力和力量。有利，必然也有弊。坏处就是，群体成员被动、缺乏批判思维能力。领导者定基调，下属丰富细节。只有领导者尽心思考和决策，下属只负责执行命令。思考和决策像权力一样集中了。这可能会造成一个不好的结果，领导者的提议再糟糕、再冒险，也不会遭到反对，而是直接推行下去。

然而，一旦强领导者离开，依赖型群体就可能会发生很大变化。在这个第二阶段，群体成员可能会把领导者留下的思想路线和方针政策加以总结，变成正式的规章制度，坚持遵守下去。结果，群体更少反思了，只知墨守成规，变得像战/逃型群体一样僵化。眼光变短浅、遇事查“宝典”，管理风格从专制兼魅力型变成官僚式。随着领导者的离开，企业家精神消失了。剩下的是一群守成者，强烈抵制变革。这也许有暂时的好处，比如，角色清晰、战略明确。但是，长期这样的话，结构会变得机械、正式、官僚，战略会变得过时、僵化，群体会严重缺乏适应。

依赖的第三个即最后一个阶段是专门针对小公司（而非部门）来说的，那就是被另外一个强大的公司（可能是同行，甚至是客户或供应商）收购，丧失大部分决策自主权。少数情况下，对一个停滞之中或者挣扎之中的公司而言，收购也许可以促进复兴。然而，在多数情况下，权力被没收、资源被强征，会让主动的经理人变得被动、冷漠、驯服。职责从指挥变成执行，地位从领导变成下属。个性强的经理人会离开，而个性弱的经理人会勉为其难地迎合母公司的兴趣，很像前面说的第二层经理人迎合魅力型领导者的兴趣一样。这让人想起第 1 章说过的抑郁型组织（见表 6 的总结）。

在很少情况下，依赖型群体内部会发生叛乱，可能导致更换领导者。当一些比较能干的第二层经理人不再对最高经理人抱有幻想，不再认为他有能力满足他们的期望，就会尝试着推翻他。这种尝试通常没有结果，不过，即使没有结果，也会动摇最高领导者的地位，还会导致一些比较能干的第二层经理人出走。

新鞋制造公司成立25年多了，其中有23年，其营销部门都由一个有闯劲、有魅力的人掌管着，这个人就是营销部门的第一个员工、现在的副总裁约翰·亚伦。亚伦把营销部门看作自我的延伸。他亲自做所有营销决策，产品线严格反映了他个人的品位和兴趣（总裁是“有名无实的领导者”，即将退休，身体很糟）。亚伦的下属，都满足于在决策中扮演配角。他给予下属的权限非常少，习惯插手部门哪怕是最琐碎的日常运营事务。公司的电视广告，他露了脸。结果，顾客和公众把他当作新鞋制造公司的代言人。顾客要是有不满之处，就写信向他投诉。实际上，他也鼓励顾客这么做。

公司成立5年后，亚伦先生与手下的产品开发经理发生过几次严重冲突。两人都固执己见。亚伦想继续销售比较传统的产品系列，这些系列，尽管质量很好，但是受限颇多、价格很贵。产品经理则强烈认为，是时候销售比较便宜、比较时尚的鞋子了——很多竞争对手已经这么做了。两个人开始一直相处得不错，后来产品经理成了亚伦的“眼中钉”。转折点是，在一次会议上，产品经理公开反对亚伦的政策。这次事件发生6周后，亚伦聘请了一个造型专家，分给造型专家的职权，恰好与产品经理的重叠。造型专家经常绕过产品经理，把设计直接呈给亚伦。因为造型专家恰好迎合了亚伦的喜好，所以亚伦经常不征询产品经理的意见就批准了设计。不久之后，产品经理辞职，造型专家接替了他的位子。

有证据表明，这段插曲过后，营销部门的其他管理者从中吸取了教训。独立、有主见，希望有些决策自主权的管理者，大都认为营销部门的管理风格太家长式、太威权式，于是离开了公司。例如，产品经理辞职半年后，广告总监也辞职了。选择留下的人，依赖性较强，比较顺从。他们决定乖乖听话，拥护亚伦的所有想法，忍受亚伦的所有干涉。很多选择留下并乖乖听话的人，已经非常崇拜亚伦，视之为神明。这样一个德高望重的领导者，当然非常容易引人追随。于是，依赖文化就形成了。留下来的温顺又合作的管理者，招募同样崇拜亚伦及其做事方式的人。新招募的员工中，个性强的，大都离开了，而依赖性强又顺从的，留了下来。

多年以来，在亚伦的掌舵下，营销部门的运行方式一直就是这样，没多大变化。因为他非常了解行业，所以营销部门的人都相信他、支持他。他最看好优质时尚男鞋市场，制定的营销战略都是针对这一市场。在确保以上大方向的前提下，他及时了解最新款式，一发现变化，就立即调整产品线。换句话说，在营销方面，战略是死的，战术是活的。目标和手段都很明确，都以亚伦的核心营销理念为基础。组织有时候会出于政治考虑隐瞒政策，在没有政治顾虑的时候，强领导者可以毫无顾忌地明确表达自己的意图。

一天（距离我们的研究还有两年），亚伦心脏病突发，被迫退休。与此同时，公司被一企业集团收购，该企业集团的管理者一点都不了解制鞋行业。因为公司业绩一向不错，所以母公司几乎从不插手其运营。所有重大营销决策都留给新的副总裁来做——新的副总裁就是前面提到的那个造型专家。但是这个人几乎没有管理经验，没有能力自己做决策。亚伦在的时候，他一直服从亚伦的命令、执行亚伦的决策。亚伦离开后，他就忙着把亚伦的理念和做法编成成文的政策和流程，分为质量控制办法、定价方针、广告方针和狭隘得无可救药的产品政策。就在那段时间，市场变化加快——新款式出现消退得更为迅速。因为政策僵化，所以营销部门无法适应新环境。让问题变得更严重的是，营销部门的员工，都适合做追随者，而不适合做领导者或决策者。他们一直都依赖亚伦的指导，没有开发自己的管理潜力。最终，母公司撤了那个造型专家的职，把一竞争对手的最高营销经理人挖过来做营销副总裁。最终，在几个下属的帮助下，他对产品线再定位并把产品线现代化了。

乌托邦文化　终于讨论到最后一类文化了。正如名字表明的那样，这个文化具有很强的未来导向。大部分情绪能量都用来预期未来会更好，无视当前的紧迫问题，忘记过去的教训。我们发现，在乌托邦文化中，焦点是目标本身，而不是实现目标的手段。因为群体成员都对未来有美好的预期，愿意不知疲倦地琢磨这个美好未来具体是什么样子，所以群体比较和谐。但是，群体好像没有一个强大的领导者或者一部僵化的“宝典”来指出如何实现美好的未来。目标坚定不移，手段模糊不清。群体氛围是参与的、民主的。它没有战/逃文化的偏执态度，也没有依赖文化的魅力型领导者或者“宝典”。它有对参与式决策绝对有利的条件：对目标有足够的共识，对手段有足够的不确定（见表 5）。

乌托邦文化常见于以未来为导向的高科技公司或者研发部门，这些公司或者部门往往从比较守旧的总公司或者总部剥离出去了。波士顿 128 号（Boston's Route 128）和加州硅谷之类的创业乐园，就有很多乌托邦型群体。产生乌托邦文化的典型情况有两个。第一个，在航空、半导体和基因工程之类的行业，开发非常前沿、非常复杂的产品。这些产品的开发，往往要耗费数年、投入大量资源，很多产品永远不会产生任何回报，甚至还没成形就失败。富有远见的科学家和管理者构成的团队密切合作开发新产品或者开创新行业，是要承担很大风险的。有时是整个公司都去创新，有时只有一个部门，通常是负责工程或研发的部门。乌托邦型群体的创新有一个关键特点：在很大程度上，创新是目的，而不是赢利或竞争的手段。群体成员期望，创新会让世界变得更好、让社会变得更强、让公司跻身行业领先地位。他们为伟大事业奋斗，对未来非常乐观，对现实视而不见。我们发现，技术专家、科学家、管理者构成的团队或者合办的公司，有一种促进密切合作和参与式决策的氛围，因此具有很强的适应能力。这让人想起伯恩斯（Burns）和斯德克（Stalker）的"有机式组织（organic organization）"，在有机式组织，权力和权威以专长而非职位为基础。[10]这个典型情况的危险在于，过于冒险，严重忽略现有资源和市场的限制，总的来说，对创新前景的评价太不切实际。

产生乌托邦文化的第二个典型情况是，追求理想的体制环境和组织氛围。遇到问题，就用"灵丹妙药"，比如矩阵结构、并行结构、管理信息系统、组织发展项目、参与式决策、工业民主、工作生活质量项目或者 Z 理论管理，等等。提供现成管理工具的咨询公司，会在寻求乌托邦结构的公司那里发现广阔的市场。比较高级复杂的公司根据运营需要和管理需要改进结构，而比较理想主义、比较原始简单的公司则很有可能不顾自身需要强行引入新潮的组织结构或管理技术。在这样的情况下我们会看到，公司不断尝试各种“灵丹妙药”，慢慢挣扎，最终失败。

本书作者就目睹了一个创业公司形成乌托邦文化的全过程。比尔·柯恩和阿尔特·杰弗瑞斯在一家大型航空航天公司的研发部门工作，两个人都是才华横溢的设计工程师，为公司做出了巨大贡献。但是，他们认为自己最有价值的贡献没有得到认可。他们提出过很多创意，有的被接纳了，有的被否决了。他们觉得，那些被否决的创意，更好、更大，被否决得有些莫名其妙。业界很多人都知道了他们的不满。

一天，在一次专业会议上，比尔和阿尔特遇到了一位在电子行业和半导体行业做得非常成功的富有实业家。这位实业家想与他们合伙开办一家专门制造飞机飞船配件的公司，给了他们一部分股权和所有产品战略决定权。他们欣喜若狂——终于可以把那些伟大的创意付诸实施了，终于可以制造会掀起一场行业革命的产品了。

比尔和阿尔特明白，最终产品可能要花很长时间才能制造出来。然而，他们坚信，一旦制造出来，就会迅速占领市场，带来巨额回报。他们觉得，等待是非常值得的。鉴于他们的设计很有名气，所以实业家让他们放手去干。

第一个任务是招募一批有前途的设计工程师、科学家和产品开发专家。他们举办的招聘会非常成功，招到的都是经验丰富、成绩斐然的人（经验丰富、成绩斐然才说明有前途哇）。

这些人分成了 3 个项目团队，每个团队有 15~20 个工程师和科学家，每个人负责一个开发阶段。项目团队自然实行参与式管理，一个重要原因就是，比尔和阿尔特希望避免比较威权、比较等级的管理风格，原先的大公司就是这样，扼杀了他们的创造力。工人、科学家和管理者之间的沟通密切而坦诚、互动频繁而愉快，大家都有很强的团队精神。公司的运行，更像大学的研究机构，而不是公司的研发部门。

经过 3 年半的努力，公司几乎一事无成。原因在于，公司有很多乌托邦特点。首先，尽管目标清晰，即开发一系列高级复杂的航空航天产品，但是实现这个目标的手段并不清晰。公司设置了远大的目标，但是没有制定详细的路线、计划、时间表来实现目标。更严重的是，组织结构松散、控制缺位、汇报关系模糊、责任划分不明。项目经理倾向于各做各的：有时重复劳动，有时背道而驰。产品战略没有始终如一的主题，一会儿强调这个，一会儿强调那个。每个目标都太远太大，让人看不到希望，结果不得不放弃，换上更远大的目标。在产品设计和技术特点上分析过多，但是几乎从不关注市场限制、潜在生产问题或逻辑问题，甚至也不考虑财力限制。之所以这样，一个主要原因在于，公司实际上是个研究院，没有营销人员、财务人员、生产人员督促院长变得务实一些。两年后的今天，公司仍然没有任何产品面市。

组织文化和领导力

本章，我们强调了群体基本共有幻想的重要性。就像个人的幻想反映了个人发展所处阶段一样，组织成员的共有幻想反映了组织发展所处阶段。我们可以从组织成员的共有幻想出发理解组织文化。它们塑造组织文化，影响与组织文化相伴的组织动力学。因此，它们有助于预测组织会出现什么情况，让我们能够抓住每种情况的机会、回避每种情况的危险。

影响组织文化演化的一个关键因素是领导力。批判思维能力强、了解自我、成熟的领导者，可以防止群体退化。群体会被不良幻想控制到什么程度，主要取决于领导者及其追随者对不良幻想的易感性。领导者及其追随者的成熟度还会决定群体有多容易根据情境要求从一个共有幻想转到另外一个共有幻想。当群体过于坚持某个共有幻想，哪怕它已经过时，就会出现严重的运行不良。

有个办法可以帮助管理者从所在群体中抽身出来、更好地了解所在群体的文化，那就是参加“巴林特小组”。[11]这样的活动能够提供一个安全的环境，让管理者与非常了解不同组织文化和基本共有幻想的人讨论自己在工作中的体验。这些交流有助于管理者识别自己在工作中的为人处世方式有哪些不好的地方。巴林特小组经常用于培训医护人员，但是也可以用于培训管理人员。巴林特小组也可以帮助确认移情反应——下章的主题。

本章从前一章的组织水平转到了群体水平。下面，我们要继续深入一步，集中讨论二人关系。

第3章　令人困惑的人际关系

太上，不知有之；其次，亲而誉之；其次，畏之；其次，侮之。信不足焉，有不信焉。悠兮其贵言。功成，事遂，百姓皆谓我自然。

——老子（《道德经》）

弗洛伊德在寻找治疗癔症的方法时，偶然发现病人对他的感受与病人对过去生命中重要他人的感受之间存在一种“虚假连接（false connection）”。[1] 最初，弗洛伊德认为这个“虚假连接”会妨碍治疗。他具体是怎么发现的呢？他有一个病人，名叫多拉，是个年轻女子，中途退出了治疗。深入反思之后，弗洛伊德认为，她之所以中途退出，是想报复他；不过追根究底，她的报复针对的是她的父亲，只是“转移”给了他。[2] 经过这次挫折，弗洛伊德认识到，移情，如果发现及时的话，非常有助于诊断和促变。

我们可以把“移情（transference）”粗略定义为，一个人把另外一个人当作过去生命中的重要他人而做出的反应。

弄清了一个人移情反应的实质，就可以理解这个人的很多行为。曾经有人说，在临床背景下，治疗师所做的各种解释中，唯一有助于病人好转的是对移情的解释。[3] 实际上，弗洛伊德1907年第一次见到卡尔·荣格（Carl Jung）时，就问荣格怎么看待移情。荣格回答说，“它是治疗的关键”；弗洛伊德点评说，“你懂了”。[4]

既然移情在心理治疗中处于这样的核心地位，那么就很容易理解为什么精神病学文献、精神分析文献和临床心理学文献中有关移情的文章是这么丰富了。[5] 然而，难以理解的是，尽管移情非常普遍，但是管理学文献实际上忽略了它的重要性，甚至忽略了它的存在。考虑到移情对领导和决策的重要影响，这种忽略似乎非常值得注意。相应地，本章将尝试着从实用角度对移情分类，就各类移情有何表现、如何影响领导和决策形成一系列推测。

移情的根源和范围

所有有意义的关系都存在移情。移情是个普遍现象，适用于任何人际情境。移情具体是指，“（无意识地）根据过去的经历解释现在的体验，是人类的一种普遍特质”。[6] 移情的本质在于，无意识的内心幻想让感知和互动变得扭曲。安东尼·斯托尔（Anthony Storr）说，“我们与人打交道，即使是第一次见面，也不会把对方当作白纸，而是会把过去的体验转移到现在”。[7] 人倾向于在当前情境重复人生早期在家庭生活中形成的态度。这个模式在精神分析背景下显得尤其夸张：在非结构化剥夺氛围的诱导下，病人把治疗师当作母亲、父亲、兄弟姐妹或者生命早期的其他重要他人来回应。我们把这种情况叫作“移情神经质（transference neurosis）”，具体是指“在治疗师面前，病人在其他场合相对少有出现的冲突、愿望、幻想等都集中出现了”。[8] 在比较自然的背景下，移情通常不会那么强烈，可以说，人际关系中的移情成分只会在某些情境中转变为成熟的移情神经质。

根据拉尔夫·格林森（Ralph Greenson）的说法，“我们说的移情，是指一种特殊的人际连接……其主要特点是，与某个人互动时体验到的感受，实际上针对的不是那个人，而是另外一个人……移情是对旧客体关系的翻新重复……它混淆了时间、替换了对象，过去对某个人的冲动、感受和防御转移到了当前的另外一个人身上。它基本上是个无意识现象，也就是说，移情的主体本身意识不到自己的反应发生了扭曲”。[9] 正如格林森指出的那样，移情的主体并不知道自己的当前反应是过去反应的再现。为了处理充满冲突的过去关系，行为退化到刻板模式，非理性的、不合时宜的古老人格结构被唤醒。这样，移情反应看上去似乎是反应过度，或者反应不足，或者反应古怪。认真观察也许就会发现，移情的主体，是把互动对象当作母亲、父亲、兄弟姐妹或者生命早期的其他重要人物来回应。

所有人际关系，都既有现实成分又有移情成分；[10] 移情成分的特点是，不适合当前情境。格林森提醒人们注意移情反应的强度，因为它在一定程度上决定了移情反应有多么不恰当。[11]移情反应是矛盾的，例如，对同一个人又爱又恨。刚开始，移情反应经常是反复无常的，也就是，一会儿是愤怒，一会儿是怨恨，一会儿是敬爱，等等。但是，长期来看，移情反应是比较稳定的，也就是，自始至终都把对方当作同一个人，而不是一会儿把对方当作甲，一会儿把对方当作乙。

不良移情模式的根源，可能在于童年时期重要他人刺激不足或者不够敏感，说得通俗具体一些就是，父母忽视孩子。也可能在于教养方法不一致，也就是，父亲要这样管孩子，母亲要那样管孩子。还可能在于刺激过度或者负担过重，也就是，父母把孩子当作大人对待，对孩子要求过高。[12]例如，父母不准 10 岁的孩子有任何嬉闹行为。我们必须记住，这些移情模式其实不是一次两次的人生经历造成的，而是长期的亲子互动造成的。这些移情模式会影响后来的其他关系，其他关系反过来会强化这些移情模式。

本书的一个作者在临床实践中遇到了一个典型的移情反应案例。有个病人，性格活泼，什么心思都写在脸上。一次，他突然提到，治疗师一定觉得他很无趣。实际上，治疗师的感受恰恰相反。深入讨论后发现，病人坚信，他一直是个非常无趣、非常沉闷的人，所以人们都不愿与他交往。因为多疑、自卑，所以他的人际关系不好。他总是回避别人，免得被别人回避。深入调查后发现，他的所有这些行为，根源都在于成长过程中没有能力让父母持续关注他。父母工作太忙，还有其他事情要操心，因此没有多少时间陪伴孩子。因为得不到父母的关注，所以他觉得自己一无是处，没有能力取悦父母。他只有通过夸张才能让父母的眼睛在他身上稍微多停留一下，稍微多花点时间陪伴他。夸张和表演成了他的习惯，他现在仍然乐此不疲。

移情是个普遍现象，也适用于组织背景。下面举一个我们在咨询中碰到的移情案例。

三元公司（Triad Corporation）的布莱恩·佩尔曼，在很多同事眼中是一个谜。大家普遍认为他是一个杰出的管理者，但是同时觉得很难应付他的一些古怪行为。他很有魅力，但是也有阴暗的一面。他的行为经常让同事无法理解。他有一点特别烦人，那就是敏感多疑。他不顾公司规定，每次离开都锁上办公桌和办公室。众所周知，他在家里保存着所有公务信件和备忘录的副本。有人无意中听到他说，“说不定哪天就会派上用场，未雨绸缪总没坏处”。这让其他经理人觉得奇怪，因为三元的氛围一直比较好。钩心斗角少之又少，找替罪羊十分罕见。不管发生什么冲突，总是会立即得到友好的解决。这样防备——就像有人要害他似的——在三元既少见又不恰当。

佩尔曼最让人——特别是他的秘书和下属——生气的一点是，他需要再三检查他们的工作。佩尔曼这样明显地不信任他们，让他们觉得莫名其妙，因为他们一直都是胜任的。后来，总裁也觉得佩尔曼的行为十分古怪，因为他不愿与其他经理人分享信息。这让他的部门与其他部门的沟通出现了严重的问题，他的部门变得越来越孤立。佩尔曼对整个公司的运行都造成了不良影响，总裁不得不过问了。

佩尔曼还有一点让总裁烦恼。每次与总裁打交道，他总是显得格外害怕，时刻处于防备状态。其实，总裁一点架子都没有，非常友好、非常公平，具有很强的人际敏感性。然而，佩尔曼似乎总在担心总裁会挑他的错、惩罚他。不管做什么决策，哪怕是最琐碎的决策，他都十分详细地解释背后的原因。显而易见，他想确保，如果事情出错，他不会被人怪罪。

总裁提醒顾问注意这一点（顾问是本书的一个作者，与三元合作过很长一段时间）。顾问原本就认识佩尔曼，经总裁提醒后，决定多接触他，以期进一步了解他。顾问开始只是与佩尔曼谈论一些具体的技术话题，暂时获得他的信任后，就挖掘他在人际互动——特别是与下属互动——中各种行为背后的原因。

经过数次交谈，顾问了解到了佩尔曼的成长背景。原来，佩尔曼是一个大家庭里最小的孩子。父母都在工作，没有多少时间陪伴孩子。父母的关爱较少，而孩子的数量又多，结果，争宠的事情时有发生。因为父母把佩尔曼当作“宝贝儿”对待，所以其他孩子觉得他是最受宠的，特别是受父亲的宠爱。于是，其他孩子都很嫉妒他。结果，父母不在家的时候，其他孩子就会欺负他、威胁他。有时，他们弄坏他的玩具，拿走他的钱包，或者把各种恶作剧推到他的头上。如果他抱怨，他们就叫他骗子，还跟母亲强调，这个“宝贝儿”实际上很没责任心。他不得不总是处于防备状态。他会锁上卧室门，藏起玩具，时刻准备证明自己的清白。

考虑到佩尔曼的成长背景，就不会觉得他在三元的古怪行为是那么难以理解。顾问能够把他的行为和他的背景合理地联系起来，更全面地描绘他的人格。顾问向他指出，他现在的行为与他童年的经历之间有何联系，还向他指出，他的行为模式，尽管对他在争宠激烈的原生家庭中生存下来必不可少，但是完全不适合他现在的工作环境。与顾问（一个精神分析实践者）多次讨论这个主题后，佩尔曼的行为开始渐渐地、悄悄地转变。随着他慢慢卸下防备，他发现他的很多烦琐复杂的保险做法实际上没有必要。他卸下防备后，并没遇上什么麻烦，更没有受到惩罚、遭遇失望。这些体验让他更大胆地信任别人。他的行为改变后，他的部门氛围好转了很多，与其他部门的关系也好转了很多。目睹这些好转，佩尔曼对他以前的防御有了更全面的认识，知道了他的童年经历很大程度上影响了他以前的行为。于是，他付出更大的努力改变互动风格。

三类重要移情

直到 1912 年，弗洛伊德才试着对移情分类。他区分了积极移情和消极移情，前者转移的是友好的感受，后者转移的是敌意的感受。精神分析家对移情的分类并没有到此为止，现在可以见到多种多样的分类。[13]

我们自己在探讨移情时采用的是非常务实的取向，因为我们打算利用移情模式理解领导和决策的背景。于是，在临床咨询经验和文献综述的基础上，我们把上下级互动中的移情分为三类：理想化移情（idealizing transference）、镜像移情（mirror transference）和被害移情（persecutory transference）。就像其他所有分类一样，这三者之间互有重叠，可能是因为它们分别来自不同的思想流派。自然，任何人都不是只有一种移情模式，而是可能会随着所处情境、互动对象的变化而表现出不同的移情模式。然而，一般而言，任何长期关系都只有一种主导移情模式。我们的所有三个模式都非常基本，都源自早期成长问题。讨论每个模式，我们首先会探讨它的本质和根源，然后指出它会如何影响领导行为和决策行为。

理想化移情　第一类移情是重现心理发展的一个早期阶段，也就是，企图通过与“一个无所不能、完美无缺的人”融为一体来再次体验原始的极乐感。所有的满足都来自这个被理想化了的人，没有这个人就会觉得空虚、无力。起初，这个人也许是因为自身的力量、美丽、智慧或者道德立场赢得了移情主体的尊重。然后，移情主体把这个人理想化，忽视他的缺点、放大他的优点。有些人之所以容易理想化移情是因为，如果没人可崇拜，他们就会觉得茫然、无力。[14]就这样，他们变得特别依赖被理想化了的人。结果，他们觉得需要靠近、支持、迎合被理想化了的人。例如，一家农产品制造商的一位有理想化移情表现的管理者对本书的一个作者说：

我们的总裁迈尔斯先生，怎么说呢，真是不可思议。现在我已经与他共事3年多了，但是他仍然不断令我惊叹。我不知道他是如何做到的。就拿他的工作能力来说吧。不管公司面临什么压力，迈尔斯先生似乎总能沉着应对。没有他，公司绝不会做得这么好。

我还记得迈尔斯先生聘用我的情形。见到他的那一刻，我就知道我们会很合拍。我的业务知识都是他教的，不过我的水平跟他差得远着呢。没有他，我就会迷失方向。为棘手问题大伤脑筋时，与他谈一谈，我就会很快找到答案。开会时，只要他发言，解决方案就会出现。他非常擅长抓住问题的关键、引导大家想出解决办法。

一次，我跟着迈尔斯先生出差去南美，他在那里拿到了很多订单。我不知道他是如何做到的，只是知道他就是做到了。订单最大的那个客户，要是由我来做，估计永远都搞不定。为他工作，是我一生最幸运的事。

有趣的是，说这段话的经理人，来自一个破碎的家庭。他的父亲是个工程师，常年在外跑船，很少着家。自从父母离婚后，家庭聚会就变得少之又少。不足为奇的是，这个经理人一直都在寻找能够替代父亲的人，最初是在学校里，现在是在工作中。这种追求明显地反映在他与上司的关系中。

把上司理想化的下属，一般对自己的工作非常满意。他们信任上司，对上司有信心，尽自己所能取悦上司。他们积极性很高，认真研究上司，看看能从上司那里学习什么来提高自己。这样的下属，还会相互争宠。上司稍微表扬一下，他们会飘飘然；上司稍微批评一下，他们会觉得大受打击。这样，他们变得极其依赖上司，非常容易控制和操纵。

这样的下属，尽管可能十分优秀，但是不能独当一面。他们可能太过顺从，失去了独立判断能力。他们是完美的追随者、糟糕的领导者，不主动、没主见，因此不太适合管理职位。

理想化移情还有一个潜在的严重缺点，下属对上司期望过高。膜拜一个人，对这个人的评价就会不切实际。期望太高，最后注定会失望。是人，就会有缺点。在某些案例中，当上司的缺点暴露出来，下属心目中的理想形象就会坍塌，结果就是痛苦的幻灭，甚至是彻底的叛变或者公然的敌意。在另外一些案例中，下属把上司奉为神明，对他的所有缺点都视而不见，或者，即使看到了缺点，也会把缺点合理化。下属在理想形象上投资太多，结果只能完全忽视上司的缺点，或者把缺点视作优点。两种情况下，下属的判断力都会严重受损，发挥不了什么作用，于是只能墨守成规，而不是创造性地解决问题。

在决策背景下，这样的“完美无缺式”下属很有可能做不了什么贡献。不管上司表达什么观点，他们都会附和；他们做任何决策，都会设想上司如果面临这个决策会怎么做。实际上，他们非常不愿意做决策，除非他们发现上司就是想要他们做决策。他们不会果断运用权限、实施创新。此外，即使上司提出的路线明显有问题，他们也不可能提出任何反对意见。决策时只考虑上司的观点，不管这个观点是多么片面。理想化也有个好处，那就是，在执行阶段，不管发生什么变故，下属都会坚决遵循上司的路线，全力以赴完成上司的计划。如果在一个群体，很多下属都把上司理想化了，那么群体就会形成很强的团队精神、很高的热情，结果，在这样的群体，变革阻力最小，变革可以迅速展开。

最典型的组织范围内理想化例子也许是，创业成功的企业家被自己公司的人奉为英雄甚至神明。他们的公司往往会向表演型公司转变，盛行第 2 章描述过的依赖型文化。他们往往非常能干、富有远见，要求下属高度忠诚、密切合作，而这样的下属往往比较被动，愿意不加质疑地执行他们提出的不管什么大胆的计划。最有可能成为他们下属的人，往往依赖性强，容易理想化移情，习惯执行命令而不是发布命令。这样，他们离开后，公司就会出现领导真空。他们敢作敢为、支配欲强，与他们兼容的人，独立性都不强，没有魄力掌管公司。结果，公司必须从外部聘请企业家类型的经理人来接替他们，否则就会停滞不前。下属也许想把他们的管理理念编辑成各种成文的规章制度，这样，管理公司的就不是人而是“宝典”。“宝典”变得神圣不可侵犯，组织就很难实现有意义的变革，正如我们在第 2 章讨论依赖文化时看到的那样。

有时，上司会把下属理想化，对下属寄予不切实际的希望。上司也许交给下属一项以下属的能力无法完成的任务——拉到一个大客户，开发一款复杂的新产品，或者让一个分部扭亏为盈。把这样高的期望寄托在区区几个下属身上，几乎注定会失望。然而，我们不该认为这种理想化一点好处都没有，因为在某些情况下，对下属寄予厚望，可以激励下属取得杰出成就。

理想化移情可以继续划分成两个子类，我们把它们分别叫作“正常理想化（normal idealization）”和“黏附行为（clinging behavior）”。黏附行为与正常理想化相比，追随者的被动程度和依赖程度更严重。在正常理想化中，追随者尊重领导者，在很多方面都想效仿领导者。不过，这样做的时候，追随者还是可以保持合理的主动性（特别是如果领导者独立又强悍的话）。在黏附行为中，尊重变成了奉为神明，效仿变成了机械模仿。这里，追随者几乎没有什么主动性，只适合履行简单的常规职责，决策能力明显受损。

镜像移情　具体含义是指，希望通过别人的赞美、崇拜、敬畏来证明自己的完美无缺、无所不能、强大无比。因此，这样的人会制造夸大的自我形象[15]，以自我为中心，把所有不完美都推给外部世界。他们需要别人的肯定和赞美来“滋养”夸大的自我形象。他们需要展现自己，吸引别人的关注，以对抗无用感和低自尊。镜像移情与理想化移情是互补的——前者是渴望被人赞美、崇拜、敬畏，后者是倾向于满足别人的这一渴望。容易镜像移情的上司与容易理想化移情的下属是天生一对。我们主要围绕下属讨论理想化移情，主要围绕上司讨论镜像移情。

容易镜像移情的经理人是自恋的；他们夸大自己的重要性和独特性，极其渴望赞美。[16]在内心深处，他们把互动对象看作缺乏同理心、不了解孩子真正感受的父母。这些经理人仍然在寻找能够充当镜像的父母；他们不断需要关注和赞美。不幸的是，因为他们的这一需要太过强烈，所以他们自己也缺乏同理心，不在乎别人的感受。他们总是“以自我为中心”，结果，他们很可能让身边围满马屁精、应声虫，因为这些人十分愿意为他们长期供应赞美和崇拜。他们的下属，有些具有理想化移情倾向，这些下属的赞美和崇拜，尽管建立在错觉之上，但是真心真意。有些下属的赞美和崇拜是违心的，这些下属一般能力平平又善于钻营，企图通过溜须拍马往上爬。能力强、有主见的下属，则不屑于违心地赞美和崇拜，最后会因为不堪忍受群体氛围而离开。有人这样描述自己的一位容易镜像移情的同事：

他好像并不在意我们在场与否。当然，他有征询我们的意见。但是，我们表达意见的时候，他好像从来没听。他希望我们不具名、不露脸、不抢风头，只要为他喝彩就够了。有时，他确实非常迷人——我恨自己不由自主地被他操纵。我现在已经清楚了他的为人，按理应该对他保持警惕，可是有表现机会我还是会被迫让给他——他就是有办法抢过去。尽管善于伪装，但是他绝不是什么好的合作伙伴。

他的大多数话——所有计划、所有诺言——是空的。最后你会觉得被他利用。不仅是我，其他与他打过交道的人也有这种体验。他其实只关心自己，只在乎完成一个任务能给他自己挣来多少荣誉。我们只是背景，站在旁边烘托他的成功。如果有人不让他如愿，他就会怀恨报复。

上述经理人，来自一个父母事业都很成功的家庭。父母各自追求自己的事业，没有时间陪伴他，把他留给管家照顾。管家换了一个又一个，都不怎么关心他。这个经理人之所以渴望受人关注，很大程度上也许是由于青少年时期被人忽视。对他而言，争取别人关注的唯一方法是做些惊人的事情。

在领导背景下，镜像移情可能有数个严重缺点。上司什么事都想居功，也不管自己是否配得上；他还想获得所有赞美，以向各色人等证明自己的能力。他会利用人，利用完就把人丢到一边。他有特权感，期望得到特殊对待。被人批评、遭人挫败，他会大发雷霆。因为如此情绪化，所以非常容易改变对下属的看法，前一刻还认为下属处处都好，这一刻就认为下属一无是处。所有这些行为模式，都会严重打击士气。下属主意出得再好、事情做得再漂亮，也没有任何功劳。

如果下属很强，让上司相形见绌，那么上司可能会觉得受威胁。威胁体现在两方面：第一，与上司抢风头；第二，不会昧着良心赞美上司的馊主意。这样的下属，尽管对组织而言是非常宝贵的人才，但是一般待不长——受上司排挤。

镜像移情的领导者，还有最后一个缺点，也就是自我评价不切实际——高估自己的才华和能力。他们可能因此变得傲慢自大，听不进建议。他们把权力集中在自己手中，这不仅是为了让人们意识到他们在做事情、为了让人们关注他们，而且是因为他们觉得只有他们自己才有能力做重大决策。确实，第 1 章所说的表演型组织，第 2 章所说的依赖型群体，领导者一般都容易镜像移情。

镜像特质对决策风格也有影响。因为过度自信、渴望得到认可，所以他们容易做一些风险和规模都很大的项目。做成功了，他们就能成为万人瞩目的英雄。但是，这样的项目，容易让他们耗尽资源，最终失败，而且败得很惨。此外，他们不会利用组织中其他人的专长，因为他们自大狂妄，很少征询别人的意见。结果，出了重大错误也没人指出来，特别是因为他们身边都是马屁精或应声虫，提不出什么合理建议。这样，由领导者单个人拍脑袋定下的大胆战略就直接推行下去，等他们自己发现了重大错误，就已经走得太远，无法纠正了。

企业史文献中可以看到很多镜像经理人的例子。其中有些人，在传统而保守的组织做到最高职位后不久就对组织实施根本的变革。他们拓宽市场，实行多元化，收购其他行业的公司，把亲信安排到子公司做负责人。组织迅速成长，集中权力，抛弃传统的业务模式，引入最新的信息管理技术，划分战略业务单元，等等。但是，这些大动作，当初决定得太草率，对风险和成本考虑得太少，结果执行时问题百出，最终让组织付出了惨重代价。20 世纪 60 年代早期的很多企业集团，都经历过由镜像经理人领导的时期，其中大部分都为之付出了代价。例如，第 1 章提过的经理人约翰・德罗宁，很有才干，离开通用汽车后创办了自己的跑车公司。后来，跑车市场疲软，梦想无望实现，可是他不愿意接受这一现实。

他在工厂上投资过多，产能严重过剩，又没有多余的资源用来转型，最终失败。

目前为止，我们讨论的都是镜像上司，不过，我们也可以简要地说说镜像下属。这样的下属，很有可能处处做“出头鸟”，争取上司的关注和表扬。他们热情地追逐有形的奖励，工资、升职、办公室大小，等等。驱动他们的，不是成绩和贡献本身，而是成绩和贡献带来的有形奖励。他们这样追求有形的认可，可能变得有些马基雅维利主义；他们就像精神分析师迈克尔·麦考比（Michael Maccoby）所说的“以诈取胜者（gamesman）”，喜欢耍手段获取上司的关注，想要被大家看作胜利者。[17]他们甚至会盗取同事的创意，绕过直接上司接触更高层。镜像下属也许还会主动发起一些大项目（往往是自作聪明、自作主张），来吸引上司的注意力。

被害移情　这个移情模式具体是指，利用防御机制管理（内心）冲突——像布莱恩·佩尔曼一样与内心的被害感受做斗争。被害移情的人，具有前面提到过的“分裂”特点，即非黑即白看世界。被害移情倾向的根源在于，童年早期遭受了过多的挫折，攻击性变强，不得不使用“分裂”这种防御机制应对焦虑。[18]如果把一个人好的一面与坏的一面割裂开来，也就是把这个人看作两个人，一个好人、一个坏人，那么因为对这个人心存敌意而产生的内疚感就会减轻，因为敌意针对的是“坏”人，而坏人就该受敌视。分裂让人觉得自己还是个好人。把所有不受欢迎的想法和感受都归到别人身上，就不会对自己的愤怒感到内疚。这样，所有的体验、感知和情绪都明确地分为不是好的就是坏的。

被害移情几乎都是不好的。在人际关系中，它表现为敌意、道德受虐欲（moral masochism）或嫉妒。它像其他所有移情一样，不是对当前情境的反应，而是重新表演或者重新体验内心深处从过去积累下来的感受，而这些感受并不适合当前情境。我们必须记住这些感受的根深蒂固性和经久不变性，才好解释组织内部人际背景或决策背景下的被害移情例子。

被害移情之所以出现，是因为觉得坐以待毙不如先发制人。被害移情的核心表现是敌意。觉得有人要害自己，就会对要害自己的人充满敌意。被害感还会引起道德受虐欲。因为知道对生命中的重要他人怀有敌意是不好的、不对的、不被社会接受的，所以觉得内疚。为了减轻内疚感，就把敌意转向内部，折磨自己，以求获得宽恕。第三种表现是嫉妒。嫉妒就是渴望获得别人所拥有的东西，不管是身内之物还是身外之物。自然，嫉妒的原型就是兄弟姐妹争宠、父子争宠或者母女争宠。

敌意　可能是上司对下属心怀敌意，可能是下属对上司心怀敌意，甚至同级之间也可能存有敌意。敌意的根源也许在于，人生早期遭遇了失败，于是产生被害感和怀疑感。显然，敌意是领导情境中最具破坏力的一种态度，会把人际关系搞得非常僵。上司把下属视作麻烦制造者、逃避责任者、没有能力者或者故意挑衅者，于是在与下属的互动中很有可能滑向两个极端。他也许努力通过严密的监督、严格的规矩、严厉的惩罚来实施紧密的控制。这会让下属丧失主动性、降低自尊，甚至让下属与上司较劲，一有机会就暗中搞破坏。最有前途、最有热情的下属可能会离开，因为他们没有什么机会成长发展、发挥才干。

第二个极端是，公然打击。上司也许非常不愿意给下属涨工资，不愿意推荐下属升职，不愿意给下属锻炼机会。既想马儿跑得好，又想马儿不吃草。显而易见，这种情况下，士气会严重下降。确实，上司对下属基于移情的敌意，往往会让下属对上司产生基于现实的敌意，因为下属不会任人宰割，而是会保护自己，免得被上司进一步利用。按章怠工(拒绝完成规定以外的工作)、暗中破坏、曲解规定，是常见现象。这些做法让上司更加坚信下属是一群没用的废物，对下属的敌意、控制和惩罚变本加厉。恶性循环就此形成。

体验到上司基于移情的敌意后，下属就会表现得像遭受了基于现实的敌意一样。不信任、心怀怨恨，怀疑上司不管做出什么指示都是为了操纵他们或者陷害他们。不合作、闹独立，企图惩罚上司。然后，上司就有充足理由斥责他们，这让情况进一步恶化。

上下级之间的敌意可能在很多方面影响到决策。首先，决策准则很有可能变成保护自己、打击敌人。换句话说，基于情感而非理智选择行动方案。其次，决策视角自私狭隘。各方都从自身利益出发，从不考虑别的。因为互相防备，所以最终由权力最大者做主；被权力最大者视作敌人的人，要想施加影响，只能运用“非正式”权力，比如群体压力、按章怠工、公司政治。在这种氛围下，“强权就是公理”。这样，决策就面临两种可能的危险。如果存在势力最大的一派，决策就成为势力最大派的一言堂。或者，如果各派势均力敌，决策就成为各派之间的拉锯战。第一种情况下，战略太统一、太简单，只反映一派的个人抱负。第二种情况下，战略随着权力格局的变动而变动，主题不清晰、不稳定，刚刚出现一个倾向，很快就被另外一个倾向取代。第 1 章的偏执型组织和淡漠型组织、第 2 章的战/逃型群体，掌舵的经理人特别容易出现被害移情。

道德受虐欲　道德受虐欲与敌意恰好相反，敌意是攻击别人，道德受虐欲是攻击自己。感觉到有人要害自己，就想先发制人。制人就要害人，有害人的想法，就会内疚（知道害人是不道德的），同时还会焦虑（知道害人是会遭报应的）。为了平息内疚、缓解焦虑，于是自我折磨、自我挫败，积极地追求羞辱、失败。[19]

组织中可以见到一些用无能挑衅上司的经理人。不管上司交代什么任务，他们好像总能出错，简直是“事故易发体”。他们往往败在缺乏信息、精力、主动性或想象力。他们当中有些人是害怕成功，因为觉得成功会招来嫉妒和敌意，所以竭尽所能假扮平庸。有些人则是有较强的受虐倾向，确实想通过受惩罚来平息内疚感。他们无意识地追求失败，采取的方式也许是捣鼓一些风险过大的项目——这样的项目，如果搞砸了，上司很有可能大发雷霆。他们这样求虐待，可能会吸引到具有施虐倾向（特别是基于移情的施虐）的人与他们共同演绎施虐受虐的戏码。这样的移情模式颇具破坏性，因为容易让人放弃对自己命运的掌控权。

这样的移情模式可能还会导致决策瘫痪，或者造成极其冒险、极其不恰当的决策。经理人可能尽量不做任何决策，即使知道这样会危害到自己的前途。

嫉妒　被害移情还可能造成嫉妒，即因为别人有自己想要却得不到的东西或者因为别人胜过自己而觉得不高兴。嫉妒的人，特别眼红别人的东西，特别想压过别人。因此，嫉妒具有破坏性，它让人享受不到快乐。

在领导情境中，嫉妒的破坏性最强。它会导致冲突、怨恨、自私。它还会妨碍合作，因为它包含一种元素——强烈渴望对人使坏。嫉妒的下属，认为上司拥有所有的权力和资源，赢得所有的喝彩。觉得不公平，觉得自己受了亏待。

嫉妒在组织背景下还有一种比较少见的形式，即上司嫉妒下属。上司也许认为，部门完全靠自己，自己最辛苦，所有重要工作都是自己做的，下属基本上什么都不做。上司也许觉得，自己的付出多过收获，而下属的收获多过付出。上司之所以嫉妒下属，可能是因为年龄：上司开始走下坡路，而下属正值壮年。嫉妒下属的上司，很有可能吝于赞美下属，也不愿意给予下属其他奖励，而且对下属的工作过度挑剔。结果，部门士气也许严重下降，下属积极性严重受打击。我们把这一现象叫作“拉伊俄斯情结（Laius complex）”。拉伊俄斯是俄狄浦斯（Oedipus）的父亲，俄狄浦斯出生后，有人预言他会弑父。拉伊俄斯听信预言，要杀死俄狄浦斯。俄狄浦斯命大，逃过一死，在邻国长大，最后真的回来杀死了拉伊俄斯。上司嫉妒下属，可能就会故意给下属布置一些以下属的能力无法完成的任务，让下属失败。

在决策情境中，嫉妒会导致争执、私心、钩心斗角，进而妨碍信息交流，让目标无法整合，让标准无法统一。每个人都心怀叵测。

超越重复

上述移情模式，似乎在很多管理情境中都有表现。领导行为和决策行为往往受心理发展的影响，这些影响会在移情情境中暴露出来。我们见过太多组织变革顾问只关注问题的外部、当前、浅层表现。例如，领导者专制，就建议领导者变得民主一些，形成一种参与式的管理风格；信息流动受阻，就建议改进管理信息系统。我们认为，这样的措施几乎不可能有效，原因很简单——它们没有触及问题的根源。如果一位经理人之所以不授权是因为缺乏基本信任，那么教他授权方法又有什么用呢？组织变革，要求组织成员改变态度和信念。如果改变行为会违反根深蒂固的本性，那么就不大可能指望位高权重者自愿改变行为。如果不良行为模式的原因或者根源在于早期发展经历而且不为本人所觉察，那么不良行为模式就很难改变。

要想有效地运用权力促进变革，就要理解问题的深层表现，特别是在人际动力学和群体动力学层面的表现。[20]在这种背景下，确认移情模式也许非常关键。这并不是说，移情模式容易识别、容易调整。但是，忽视或不知，绝对不能解决问题。它会导致变革阻力、蓄意破坏、不满意、免职和辞职。

上司和下属都需要意识到不良互动模式的存在，因为要矫正首先就要意识到。增强这一意识，要求双方合作。高级经理人有责任认识到自身行为对下属的影响。他们绝不该低估自己的象征作用。在他们看来无关紧要的行为，也许容易引起下属的移情反应。下属也应该警惕自己的症状行为。没有能力独自做决定，不管做什么都需要得到上司的批准，过度渴望赞美，害怕被人利用——都说明有问题。情绪波动频繁，突然大发脾气，心怀嫉妒，觉得被人监视，过度在乎别人的想法，总是需要别人关注，等等，也说明有问题。而且，我们要强调一下，这些感受，只有过度了，才说明有问题。

本章乃至本书要传递的一个关键信息是，组织很有可能远远不如某些组织设计者以为的那样容易塑造和改变。组织变革，往往要求高层管理者认识自我。组织行为受移情的影响，而移情是个相对微妙的现象。只有意识到自己的移情倾向，在容易引发情绪反应的情境中体验这些倾向，才有可能改变深层的态度。这一条件绝不容易实现。

为了消除移情模式的不良影响，有两种方案可选。第一，正如前面指出的那样，在组织外部的治疗背景下，鼓励经理人讨论自己对下属、上司和家人等的感受。通过这种方式，组织顾问可以判断出经理人的移情模式，这个判断尽管粗略但是有用——可以据此建议经理人如何规划职业发展或者建议经理人参加更有针对性的心理培训。第二个方案比较难实施，那就是，在面试中判断候选者的移情倾向，以做出更合适的招募、晋升和安置决策。

第4章 不良上下级互动

“你应该想什么就说什么。”三月兔继续说。

“我就是这样啊，”爱丽丝迅速回答，“至少——至少我说的就是我想的——两者是一样的，你知道。”

“一点儿都不一样！”制帽人说，“这就像，‘我明白我吃的是什么’和‘我看见什么就吃什么’完全是两回事。”

——刘易斯·卡罗尔（《爱丽丝梦游仙境》）

在前面一章，我们讨论了移情模式是如何影响上下级互动的。本章我们继续讨论上下级互动，因为良好的上下级互动是组织成功运行的一块基石。上下级互动短路，会严重损害组织有效性。

移情说的是早期发展经历对领导行为的影响。但是，当前经历对领导行为也有重要影响。有关家庭中不良互动和沟通模式的理论，很多可以直接用于理解组织中的不良上下级互动。本章借鉴家庭精神分析、精神病学和系统治疗在家庭方面的思想，探索组织中的不良上下级互动。

家庭中的不良互动

格雷戈里·贝特森（Gregory Bateson）及其同事[1]、魏恩·莱曼（Wynne Lyman）及其搭档[2]分别研究过精神分裂症的病因。结果发现，精神分裂症患者的家庭内部往往存在一种不良沟通模式，贝特森把这种沟通模式命名为“双重束缚（double bind）”沟通。人际沟通中有两种信息，一种是语言信息，另一种是非语言信息，如表情、动作、做法、态度、气氛等。通常，这两种信息是一致的。例如，人发怒时，除了斥责的言语，还有与之相应的怒吼、面红耳赤、身体微微发颤，等等。但是，在“双重束缚”沟通中，语言信息和非语言信息是相互矛盾的。例如，明明非常气愤，但语言上却装作不生气的样子；或者，语言上严词斥责，表情却温和亲切。相互矛盾的信息，就是双重束缚，让人左右为难、沮丧不已、心生敌意。家庭中的人际互动，可能长期有着双重束缚沟通的特点。在重要的长期亲密或依赖关系中，双重束缚沟通以及以双重束缚沟通为特点的互动十分具有破坏性。[3]长期关系的不良可能表现在具有扭曲性和操纵性的沟通模式上，反过来，具有扭曲性和操纵性的沟通模式可能会加重长期关系的不良。[4]在沟通中故意传达让人迷惑不解、左右为难的信息，可能就会把非理性传染给沟通对象；长期使用这种沟通模式，可能就会把非理性长期保持下去。[5]这种沟通模式是共生关系的主要助长剂。[6]在双重束缚沟通中，一方之所以发送相互矛盾的信息，是因为无意识地想操纵另外一方。例如，肯尼斯·娄奇（Kenneth Loach）的电影《家庭生活》(*Family Life*）中有个情节就是典型的双重束缚沟通。电影主角是一位名叫贾尼斯的年轻女子，离家出走途中，不幸被人误以为是疯子送到了精神病院。父母得知消息后去接她，与她进行了以下对话：

父亲：【告诉贾尼斯应该持何种心态】就像摔断了腿或胳臂，没什么好丢脸的。

贾尼斯：我没觉得丢脸。

母亲：这就是了。你没觉得丢脸。连这都是可以理解的，但是你让人无法理解。你总是我行我素，不是吗？你不必感到丢脸。

还有一些不良沟通模式，把不同家庭成员捆绑在一起，以满足一方的支配需要、另外一方的依赖需要。[7] 例如，父母也许暗示，如果孩子坚持自己的态度、信念和价值观，他们就会非常痛苦。[8] 有些父母想控制孩子，因为孩子是他们获得替代满足的主要手段。结果，父母对孩子提出不切实际的要求、寄予不切实际的期望，让孩子背上沉重的负担，生出内疚感和无能感。除了“望子成龙、盼女成凤”外，还有其他捆绑方式。例如，创造有助于保持共识和稳定的“家庭迷思(family myth)”。“一切都好”或者“我这么做是为了你”之类的家庭迷思，有助于把家庭成员的行为合理化，同时隐藏家庭成员的自私心理。家庭迷思让关系模式一成不变。家庭迷思具有防御作用，可以让家庭成员看不到不愉快的现实，不受“外人”的伤害。[9]最后一个捆绑方式是，“掩盖”冲突。[10]不允许表达不同意见，也不允许张扬个性。魏恩把家庭成员为了保存共性而牺牲个性的现象叫作“伪依存（pseudo-mutuality）”。[11]伪依存在亲子关系中的表现是，孩子的自我湮没在父母的自我之中，孩子成为父母的附属品。

家庭治疗文献经常根据连接强度对家庭关系分类。例如，有研究者比较了分化家庭（成员异质）和未分化家庭（成员同质）[12]，有研究者比较了紧密纠缠的家庭和支离破碎的家庭[13]，还有研究者考察了家庭内部的凝聚力（让成员互相靠拢的力量）和离散力（让成员互相远离的力量）[14]。这些分类应用在亲子关系中都特别贴切，因为它们很好地刻画了父母是阻碍还是支持孩子在认知情感方面的个体化。父母也许持“全或无”态度——要么永远不想与孩子分离，要么彻底斩断与孩子的连接。

在文献综述的基础上，我们可以把亲子关系按占有或归属程度分为三类。海尔姆·斯迪林（Helm Stierlin）把它们分别命名为“束缚（binding）”、“驱逐（expelling）”和“委托（delegating）”模式。[15]他说，“束缚模式中，父母把孩子系在身边，锁在‘家庭牢笼（family ghetto）’里”。[16]例如，在童年时期缺少关爱的母亲，也许不顾孩子自己的需要而把所有的爱都倾注给孩子。母亲这样溺爱孩子，实际上是鼓励孩子做永远长不大的婴儿。

在驱逐模式中，“父母长期忽视、拒绝孩子，认为孩子非常讨厌，会妨碍他们实现自己的目标”。[17]这些父母总是断然拒绝孩子。他们太在乎自己，不关心孩子，不管教孩子，对孩子放任自流。

在委托模式中，“孩子可以离开父母身边，但依然依靠忠诚这根长线与父母保持连接。然后，孩子必须执行父母委托的任务……因此容易卷入各种冲突”[18]。在委托模式中，势均力敌的离散力和凝聚力让父母挣扎不休。委托型父母“需要绑住孩子，也需要放飞孩子……放飞时，手里还牵着长线。父母把任务委托给孩子，让孩子做他们的代理、他们的延伸自我”。[19]孩子似乎成了仓库，专门接收父母投射而来的冲动。[20]例如，母亲（父亲）也许让孩子帮她（他）与婆婆（岳母）或者其他“恶人”作对。

上述分类也可以应用到组织背景下，因为组织中的上下级互动与家庭中的亲子互动存在相通之处。如果组织不欢迎主动性，鼓励顺从和依赖，那么上下级关系也会出现心理束缚。像亲子关系一样，上下级关系也可以按束缚程度分类，最强的是不允许下属有任何行动自由，最弱的是对下属完全放任自流。在上下级关系中，不良互动表现为缺乏平等交换。下属在组织中得不到成长发展机会，被迫与上司捆绑在一起，分不清哪些是自己的需要、哪些是上司的需要。

组织中的双重束缚

组织中经常可以见到上司制造“双重束缚”情境。[21]例如，上司告诉下属“自主行动!”，但不给下属任何权限。这会让下属左右为难、不知所从，心生怒气又惴惴不安。

这样做的高级经理人，往往认为下属是软弱无助的，好为经常干涉下属的工作找理由。他们也许会说下属“劳累过度”、“紧张不安”或者“其实不适合干这种工作”，从来没想过真相到底如何。还有更过分的，为了考验下属，巩固自己的控制地位，故意鼓励下属表达大胆的观点，然后毫不留情地加以攻击，指责下属不忠诚、不服从。

说到这，我们想起了约瑟夫·海勒（Joseph Heller）的小说《第二十二条军规》中的一个情节。[22]沙伊斯科普夫中尉在一个飞行中队面前训话，让他们说出士气低落、表现不佳的原因。学员克莱文杰不顾朋友约塞连的警告，迫不及待地服从命令：

“我希望有人当面跟我说，”沙伊斯科普夫少尉非常诚恳地请求全体学员，“假如我有什么过错，我希望你们直接跟我说。”

“他希望有人当面跟他说。”克莱文杰说。

“他是希望谁都不要吭气，傻瓜。”约塞连回答说。

“难道你没听见他说？”克莱文杰反驳道。

“当然听见了，”约塞连答道，“我听见他大声而清楚地说，如果聪明的话，就把嘴巴闭紧。”

“我决不惩罚你们。”沙伊斯科普夫少尉向全体学员保证道。

“他说他不会惩罚我的。”克莱文杰说。

“他会阉了你。”约塞连说。

“我保证决不惩罚你们，”沙伊斯科普夫少尉说，“谁要是跟我说了实话，我一定会很感激的。”

“他会恨你的，”约塞连说，“到死都会恨你。”[23]

但是，克莱文杰不听劝告，落入了圈套。他只是想帮助沙伊斯科普夫中尉，结果被带到了行动处，罪名是密谋推翻长官。

正如这个故事说明的那样，双重束缚沟通会破坏信任、扼杀主动性。愤怒被激发，冲突遭压制，虚假共识氛围形成。专横跋扈的上司，让下属没有一点儿成长空间、行动自由、发挥余地。多做多错，少做少错，不做不错。于是，对下属来说，最好什么都不做。下属即使做事情，也多以失败告终(上司不支持，下属没经验，自然会失败)，正好证实了上司对下属能力的怀疑。

但是，一个巴掌拍不响，上下级关系不好，下属并非完全没有责任。只有成熟了，才能独立思考、自主行动。但是，正如我们描述过的那样，很多成年人的依赖需要因为极少得到满足而变得十分强烈。他们仍然渴望受别人的照顾，这让他们特别容易卷入不良关系。

考虑到职权在组织中的重要性，上司要在上下级互动中承担更多的责任。有些上司不愿撒手，处处管着下属。有些上司过早撒手，对下属放任自流。就像在家庭中一样，在组织中，还有一个介于束缚和驱逐之间的不良互动模式——代理（proxy）。在代理模式中，上司在放飞与捆绑之间挣扎，于是给下属发送相互矛盾的信息，让下属迷惑不解、左右为难。

束缚、代理和驱逐是组织中常见的三个不良互动模式。我们要介绍每个互动模式的相关心理过程，突出其中的危险。然而，应该记住的是，互动模式会随着环境的变化而变化，而且，多个模式有时会同时出现。

束缚模式

在束缚模式中，上司把外面的世界看作危险的禁区，只相信少数几个“爱将”的能力。这种上司认为，世上没人可信，必须保持警惕，把一切控制在手中。在这种世界观的影响下，他们觉得需要保护、控制最倚赖的下属，于是巧妙地阻止那些下属踏足组织内外的“危险”或“陌生”区域。亲信团就这样形成。不管下属有什么物质方面的要求，上司都不会觉得过分，都会想方设法去满足。上司这么慷慨，要的就是下属忠心耿耿、死心塌地。下属必须支持上司的所有计划、按照上司的意愿行动、在重要事务上从不提出与上司相左的意见。下属被锁在“黄金笼子”里。

一家小型折扣店的总裁兼创始人，希望公司越做越大。不幸的是，他未能如愿：过去 3 年，销售进入了“高原期”。他说，公司之所以停滞不前，是因为找不到能干的中层管理者往新方向扩张。然而，作为顾问，我们觉得这个解释太过简单。总裁身边的经理人，都自公司成立起就一直跟着他干。这个联系紧密的群体，成了总裁的延伸体。不管总裁提出什么希望，他们都想方设法去实现，从不质疑其合理性。他们还进行合理化，说这样做最符合公司的利益。他们如此顺从，获得的奖励就是薪水高得惊人、花费不受限制、享受长假期，等等。这个群体没有空间接纳新人、新思想。“外人”只会打破现有平衡。尽管总裁嘴上说要吸纳中层管理者，但是新来的经理人很快就会陷入孤立无援的境地，而且，如果不小心侵犯了总裁的领地，最终还会被解雇。

乍一看，这个高级经理人的行为好像是利他的，因为他关心下属的福利。但是，仔细看看就会发现，他的行为实际上是阻止下属通过犯错来学习、成长。在慷慨的伪装下，他的行为实际上极其自私。他不允许下属“长大”，不允许下属做具有责任感的成年人，不允许下属拥有独立的自我。相反，他助长下属的依赖性，坚持控制下属。[24]

有些高级经理人也许无意识地害怕下属独立。他们也许把独立的下属视作威胁，因为这样的下属会唤醒他们沉睡已久的有关竞争、争宠和敌意的记忆。长江后浪推前浪，世上新人赶旧人。在日渐衰老的上司看来，正值壮年的下属是十分危险的生物。为了应对这个威胁，有些上司鼓励、助长下属的依赖，采取的方式就是，不让下属自作主张、用好处收买下属。奇怪的是，很多下属并不抱怨。相反，他们认为自己与上司的关系很好，表扬上司的慷慨，感谢上司的关心。不幸的是，他们没有认识到事情的实质：上司不给他们成长机会。

最后，有些经理人对下属持有矛盾态度。为了克服对下属无意识的敌意，他们努力“过度满足”下属的愿望。对他们而言，似乎只有这样才能减轻对敌意的内疚。

这些束缚关系是“共生的（symbiotic）”。高级经理人高高兴兴地控制下属的行为，与此同时让下属变得贪得无厌。上下级关系具有排他性，下属只能从上司那里获得满足，没有其他途径可走。结果，他们容易向上司要求越来越多的关注和好处。要求会变得没完没了。在外人看来，这些下属被宠坏了、孩子气浓、苛刻过分，要求得不到满足就会迅速失望、生气。组织中的其他人渐渐认为他们不可靠、爱拖拉，最好尽量回避他们。结果，他们与其他人的隔离会更严重。下面讨论两个具体的束缚策略。

模糊职责　高级经理人经常使用的一个束缚策略是，不把职责划分明确。[25]这会导致一个后果——事情出错时，确定不了具体的责任人。然而，最主要的后果是，因为不给任何人分派具体职责，所以没人能够独立。高级经理人可以维持控制。

最近，零售业一家中型家族公司的总裁打电话给我们说，银行和政府基金机构要求他聘请顾问检查公司的运营情况，否则就停止向他发放贷款，而他刚刚亏了很大一笔钱，极其需要贷款。我们花了大量时间访谈他以及他的四个关键经理人（其中两个是他的家人）。接受访谈时，总裁坦陈，他担心失控。过去 5 年，公司发展迅速，非常成功。但是现在，公司越来越难监控，不断有事情出错。调查之后我们发现，四个关键经理人的职责都不明确，各自的工作说明书对职责的描述都很模糊。比较之后我们发现，他们的职责严重交叉重叠。

显而易见，总裁通过模糊职责把每个经理人控制得死死的，不给他们任何自主发挥余地。这个束缚模式可以追溯到公司很小的时候，那时总裁一个人就能控制所有运营。但是现在，这个束缚模式开始出现不良效果。自然，总裁的束缚策略是营造一种打击创新、扼杀创造力的组织文化。结果，经理人们变得困惑而抑郁。

制造内疚　利用下属的良心、让下属心生愧意，是另外一个常见的束缚策略。上司的很多话语都隐含牺牲主题。他也许指出，生活由责任构成。他也许还指出，他制造了很多机会、提供了很多指导，才让下属做到现在的职位。他现在期望下属还债，为他做些牺牲。他要求下属以忠诚和支持回报他。

一家啤酒厂的产品经理对自己的上司说，公司的一家海外竞争对手给他提供了职位，他正在考虑跳槽。他的上司，一位副总裁，第一反应是震惊，然后告诉他，他当初能进入公司，多亏了自己为他说好话。他的上司回忆说，当时，人事总监看好的是另外一个工作经验更丰富的候选人，自己费了好大力气才说服公司最终录用他。他的上司还解释说，自己付出了很多努力才把产品管理理念引入公司。他的上司声称，自己之所以提倡这一理念，一个主要原因就是为他那样的人设置更具挑战性的管理职位，他确实是主要受益人之一。另外，他的上司还提到，他这个时候跳槽太不厚道——自己正需要他帮助引入一个新品牌。他的上司大声质问，为什么经过这么多年愉快的合作，他会抛弃自己。结果，产品经理很快改变主意，向上司承诺今后还会好好支持他。

显然，这次沟通像一次勒索。上司利用了下属的良心，让下属心生愧意。下属认识到了，不顾上司意愿突然离开几乎是一种背叛。很多下属就是不能承受这样的压力，于是屈服，继续接受上司的束缚。

代理模式

在某些关系中，上司和下属似乎都在离散力与凝聚力之间、在“吸引”与“排斥”之间挣扎。[26]这里，下属的主要困境在于，他不仅要做自己的主人、独立做决定，而且要受上司的控制、执行上司的指示。他被上司用一根长度可变的隐形线系着，有活动余地，但不能走得太远。表面上，上司把任务委托给下属，下属充当上司的代理。但实际上，上司绝没有放弃控制权。

在很多情况下，上司期望下属充当“刺激提供者（thrill provider）”，也就是通过下属的胆大妄为获得替代刺激。上司也许含蓄地鼓励下属做各种出格的事情——上司自己想做但从来没有足够勇气做的事情。下属做这些事情，表面上像是出于自己的意愿，但实际上是为上司谋取政治利益、表演上司的内心幻想、满足上司的自尊需要。如果成功了，功劳大都归上司。如果失败了，责任大都在下属——下属会遭到上司的严厉指责。上司拿下属做探路的小白鼠。

一家服装公司的产品经理，打着寻找合作机会的旗号拜访了公司的一个主要竞争对手，其间偷偷进入了它的设计部。拜访之后，她与上司（一位总监）进行了这么一次对话：

总监：【笑】想不到你竟然有勇气做这种事情。不过很高兴你能告诉我，我一直非常想知道他们在捣鼓什么新产品呢。

产品经理：【笑】你知道，整件事就是为了好玩。他们过了很久才意识到我与他们根本没有业务往来。

总监：【被逗乐了】是好笑，但是……

产品经理：【兴奋】当时，我告诉 R【对手公司的设计总监】，S【对手公司的业务副总裁】派我来看看有哪些产品线可能会推出。他们相信了我的话，把什么都介绍给我看了。现在要是能看到他们的表情就好了。

总监：【突然非常严肃】但是你给我惹麻烦了。今天早上，S 给我打了电话，可以听出来，他非常恼火。你的行为真的让我很不安，我告诉他了。

在这个例子中，我们看到，总监开始对产品经理的大胆举动既羡慕又嫉妒，勉强说着表扬的话，后来突然意识到自己在做什么，于是告诫产品经理不要胡闹。代理模式是双重束缚关系的前奏。

除了寻求替代刺激外，还可以从其他角度解释代理模式的形成原因。比如，当上司让下属做自己的反面，通过下属满足自己压抑的愿望，代理模式也会形成。下属代表上司的压抑自我：上司害怕自己成为什么样子，就鼓励下属表现出什么样子；上司害怕自己有什么弱点，就鼓励下属表现出什么弱点。下属在上司的鼓励下做了坏事，上司就责骂下属，以减轻自己的内疚、安抚自己的良心。上司因此体验到替代刺激和替代忏悔——什么代价都不付出就获得两个好处。

当上司把自己未能实现的过于远大的职业抱负寄托在下属身上，让下属不堪重负，代理模式也会形成。上司也许为了让自己在组织中更受瞩目、更为重要，鼓励下属发起风险过大的项目，哪怕牺牲下属的前途。项目失败了，下属受责备；项目成功了，上司领功劳。上司必须看起来比下属更成功，所以下属的成功余地十分有限。

在另外一些代理模式中，下属也许变成仆人，时刻准备着在大大小小的事情上听从上司的使唤。我们碰到过一个案例，一家中型化工公司，两个经理人 A 和 B，一直是上下级关系，A 升职，就会顺带提拔 B。最初，A 做项目经理，B 是 A 的助理；后来，A 升到总监，B 就是 A 的项目经理；再后来，A 升到副总裁，B 就是 A 的总监；最后，A 升到总裁，B 就是 A 的行政副总裁。A 把 B 当保姆，一直要求 B 帮忙处理哪怕最琐碎的私事，即使 B 现在已经做到了副总裁。B 因此经历了很多相当有损人格的事情。

还有一种压力颇大的代理模式，上司与同事有矛盾，于是要求下属帮助自己与同事作对。在这种情况下，下属经常在组织利益与上司利益之间挣扎。有时，下属会试着调解上司与上司的同事间的关系，不过一般是徒劳。有时，下属会仗着上司的支持与上司的同事作对，因为上司一般不希望直接卷入冲突。

代理模式中的下属，经常极其困惑、愤怒。上司相互矛盾、高得离谱、不被组织接受的要求，会给下属造成很大的压力。乍一看，有些下属似乎能够应对这些压力。然而，仔细观察往往就会发现，他们实际上不堪重负，最终会崩溃。

驱逐模式

在驱逐模式中，上司把下属看作麻烦，老想甩掉。这种态度的形成，原因多种多样。在少数罕见的案例中，高级经理人生性不喜欢与人打交道，无法对下属亲切起来。这些“淡漠型”经理人，出于这样那样的原因生活在自己营造的孤岛中，不愿对下属表示最起码的关心。他们只会与在政治上对他们重要的经理人合作。然而，在比较常见的案例中，高级经理人似乎只会使用极端的方式对待下属，要宠爱就宠爱到极点，要冷淡就冷淡到极致。转折点通常是一件小事，然后多年的密切关系说断就断了。这一急剧转变，也许会终结原先的束缚模式或代理模式。原因可能在于，上司意识到了自己对下属的依赖，也意识到了依赖让自己变得脆弱，于是做出反依赖反应。他们看到有些人因为过于依赖下属最后遭到下属的背叛，担心自己也会发生类似的事情，于是痛下决心斩断对下属的依赖。

一家歌剧公司招聘行政总监，艺术总监非常关注这件事，因为行政总监与艺术总监是两个互补的职位（不过，艺术总监对歌剧公司负最终责任）。就这样，在艺术总监的积极参与下，董事会选好了行政总监。公司其他人注意到，艺术总监对行政总监非常满意，行政总监对艺术总监也非常满意，二人似乎建立了非常密切的合作关系。行政总监进入公司后，艺术总监投入大量时间向行政总监解释公司的运行情况；行政总监十分了解公司后，他们还是常常碰面。在董事会会议上，两人结成一体，共同面对其他董事。在工作中他们形影不离，从未出现意见分歧。两年后，情况突然变了。

行政总监开始对芭蕾感兴趣，与负责芭蕾的人混得很熟。排演新芭蕾，行政总监经常自作主张给那个人很多便利。艺术总监发现后，对行政总监的态度急剧转变。他与行政总监断绝来往，跟遇到的每个愿意听他抱怨的人表达对行政总监的不满。在董事会会议上，他不再支持行政总监。这种情形自然不可能长期维持下去，因为两个人在职责上是互补的。最终，在一次董事会会议上，经过激烈的讨论，艺术总监成功地说服其他董事解雇了行政总监。

在芭蕾事件发生之前，两个经理人之间的关系很有可能并非没有问题，但是不管有什么负面情绪，都被长期压抑了。过分压抑，就会突然爆发，态度出现180度逆转。上司怀疑下属的可靠性，只要找到证据证实这一怀疑，就会采取行动。行动往往过激，让和解成为不可能。结果，下属被迫提早自力更生。他必须一切只靠自己，再也得不到上司的任何帮助。这时，下属在公司的日子可能非常难过，很有可能搞砸工作。

这个互动模式还有其他影响。因为上司的冷酷无情，所以下属自己也变得不能觉察他人的微妙情绪，或者说不能共情。他们模仿上司，在与他人的互动中变得冷酷无情。驱逐也许是他们唯一熟悉的组织内互动模式。他们认为组织生活充满危险，谁都不会真正关心别人，只会利用、操纵别人。在组织中生活，就是玩权力游戏，关系是浅薄的、危险的。

如何矫正

成语“骑虎难下”，是不良上下级互动双方的真实写照——深陷其中、无法自拔。但是正如我们解释过的那样，对不良互动听之任之，个人有效性和组织有效性都会下降。因此，上下级都该负起责任，认识这些互动模式的破坏性，努力做出改变。

打破恶性循环　不幸的是，大多数情况下，下属只能要么忍，要么滚。不过，我们还是可以就如何预防或限制这些互动模式的破坏提几条建议。既然下属通常是这些不良互动模式的接收方，那么大多数建议都是从他们的角度来提的。更想让上下级互动有所改变的，是下属。

上司和下属都需要意识到不良互动模式的存在，因为意识到问题的存在是解决问题的第一步。增强这种意识，需要双方的合作。一方面，高级经理人有责任认识自己的行为对下属的影响。他们永远不该低估自己所提要求的强制力量。在他们看来无关紧要的事情，在下属的眼中可能至关重要。另一方面，下属应该警惕自己的症状行为。没有能力独立做决定、不管做什么决定都需要得到批准、过于在乎上司的想法，都表明有问题。如果发现上司情绪波动频繁，就需要心生警惕，因为这也说明有问题。觉得困惑、觉得与同事格格不入、觉得被锁住、觉得被勒索、觉得需要造反或逃离，也说明与上级的互动是不良的。

尽管有迹象示警，但是当局者迷。下属最容易的反应就是，不管上司做什么，自己都陪着。类似地，高级经理人也许发现很难认识到自己所提要求的强制力量。但是，上司和下属都关注这些症状行为、定期联合评价彼此的关系，应该具有一些预防和矫正作用。

也可以不让上司和下属直接讨论，甚至互相对质，而是让第三方介入来澄清问题——揭示现有互动模式的破坏性。如果从组织内部找人做这个第三方，那么最好找那些与组织中其他人一直都相处得不错而且位高权重的人。如果高级经理人在组织内部有个“知己”，那么最好让这个知己做第三方。如果上司讨厌别人过问，那么第三方可以分别找上司、下属谈话，并且不让上司知道自己找下属谈过话。这样做，可以起到保护下属的作用。

避免陷入或者努力跳出不良互动的另外一个方式是，下属拒绝陪上司玩游戏。拒绝的形式多种多样，可以主动抵制，也可以被动抵制。前者的风险显而易见；至于后者，下属可以走走过场、装装样子。下属可以努力与上司保持适当的距离，敷衍上司的不合理要求。然而，疏远和敷衍，也许会激怒上司。

为同一上司工作的下属们可以抱成团。他们可以联合起来，迫使上司改变行为，甚至迫使上司离开组织。他们还可以向其他部门的经理人求助，让更多的人意识到上司的破坏潜力。显然，这些做法都是有风险的，因为它们起不起作用取决于下属们齐不齐心。发现下属们联合起来反对自己后，上司有必要反思自己的行为，而不是简单地予以打击报复。否则，矛盾会升级。

最后一个办法，下属也许可以要求转到其他部门。在极端情况下，如果转部门不可行，还可以跳槽。这是没有办法的办法，只有在其他办法都不管用时采用。一个部门的离职率高得不同寻常，也许就说明这个部门的负责人有问题，最好调查一下这个部门盛行的互动模式。

担起各自的责任　在任何关系中，都要铭记“人不能不沟通”的格言。沟通是不可避免的，但沟通不一定非得是不良的。良好的上下级互动，要求上下级关系是平衡的。尽管组织不可避免地存在一些利用和操纵，但是重要的是努力减少可能导致屈从、被动、造反或低效的不良互动。组织的有效运行，不仅要有优秀的领导，而且要有成熟的部下。相应地，经理人必须在支配下属与忽视下属之间实现某种平衡。

上司有责任提供机会让下属表达自己独特的需要和兴趣。反过来，下属有责任抵制上司的强制和利用。与此同时，双方都要意识到，分离-个体化并非意味着抛弃，而是意味着对彼此负责。

第5章　生命周期危机和个人职业满意度

全世界是一个舞台，所有男男女女不过是一些演员；他们都有下场的时候，也都有上场的时候。一个人在一生中要扮演好几个角色，他的表演可以分为七个时期。

最初是婴孩，在保姆的怀中啼哭呕吐。

然后是背着书包、满脸红光的学童，像蜗牛一样慢腾腾地拖着脚步，不情愿地呜咽着上学堂。

然后是情人，像炉灶一样叹着气，写一首悲哀的诗，歌咏恋人的眉毛。

然后是军人，满口发着古怪的誓言，胡子长得像豹子一样，爱惜名誉，动不动就要打架，在炮口上寻求着泡沫般的荣名。

然后是法官，胖胖圆圆的肚子填满了阉鸡，凛然的眼光，整洁的胡须，满嘴都是警句格言和老生常谈；他就这样扮演着他的一个角色。

第六个时期变成了精瘦的老叟，鼻子上架着眼镜，腰边悬着钱袋，脚上趿着拖鞋；他那年轻时候节省下来的长袜子套在他干瘪的小腿上显得异常宽大；他那朗朗的男子口音又变成了孩童尖声，像是吹着风笛和哨子。

结束这段古怪而多事的历史的最后一场，是孩提时代的再现，全然的遗忘，没有牙齿，没有视力，没有味觉，没有一切。

——威廉·莎士比亚（《皆大欢喜》）

本书从头至尾探讨的都是管理学文献未曾探讨的主题，以阐释深层心理力量对组织运行的影响。本章又要换一个视角。考察了整个组织、群体和二人关系后，我们现在把焦点转向个人，考察个人对工作/组织的满意度。很多组织研究涉及过这个主题，但是视角都很狭隘、探讨都不深入。有研究者曾用年龄、性别、教育水平、职位等级之类因素预测满意度，不过一般寻找的是简单的线性关系。我们则是综合回顾精神分析文献、心理学文献、社会学文献和管理学文献，从更广的视角考察工作/组织满意度在整个职业生涯周期有何变化趋势。与此同时，我们做了一个实证研究，证明了不同人生阶段的工作/组织满意度确实存在系统变异。[1] 这里，我们只想描述每个阶段，并为每个阶段举一个生动的案例，以此说明研究满意度要考虑很多东西，仅仅寻找简单的线性关系，与其说是揭露真相不如说是模糊事实。

这个话题，尽管有很多文献探讨过，但是仍然存在很多疑问。大部分研究是零碎的，主要考察工作满意度与一些情境变量之间的线性关系。这种状况让一些学者苦恼。例如，埃德温·洛克（Edwin Locke）在一篇优秀的综述性文章中说："这方面的研究大都是琐碎的、重复的、没有定论的。"[2]

有关工作满意度的文献之所以缺少比较有定论的发现，一个可能的原因是，大多数研究者只关注工作因素，不考虑非工作因素，而有些非工作因素可能会对工作/组织满意度产生重要影响。特别是，很少有人考虑以下事实：同一个人在不同人生阶段，感知、需要、总体满足感以及工作/组织满意度是不同的。初入职场的几年，感觉到工作的种种局限和按部就班后会失望。之后，随着职位升高、职责变大、经验增多，满意度会提高。接着，步入中年，经历“中年危机（midlife crisis）”，满意度会下降。最后，人到老年，开始认命，接受理想与现实的差异，满意度会再次提高。人生好像就是这样。考察年龄、工作年限或者很多其他因素与工作满意度之间关系的研究，结论莫衷一是，部分原因就在于忽视了生命周期效应。[3]

少数几个研究者考虑过总体生存状况对工作满意度的影响。[4] 他们探讨了，生活中的挫折是否会转化成对工作的不满意。尽管如此，把工作满意度与生命周期联系起来的研究还是很少的。确实，直到最近，大多数生命周期研究关注的是早期发展阶段。[5] 对成年阶段的研究，萌芽于埃里克森（Erikson）[6]、怀特（White）[7] 和弗伦克尔-布仑司维克（Frenkel-Brunswik）[8] 的工作，成熟于莱文森（Levinson）[9]、古尔德（Gould）[10]和瓦杨（Vaillant）[11]最近的工作。这些研究确认了每个人生阶段的关键主题和应对方式。不幸的是，他们都没怎么关注职业发展和工作/组织满意度。

我们做过一个实证研究，从生命周期视角考察工作/组织满意度，发现满意度与生命周期之间存在重要关系（见图1）。本章会试着参照每个阶段最常见的体验，解释这些生命周期效应。

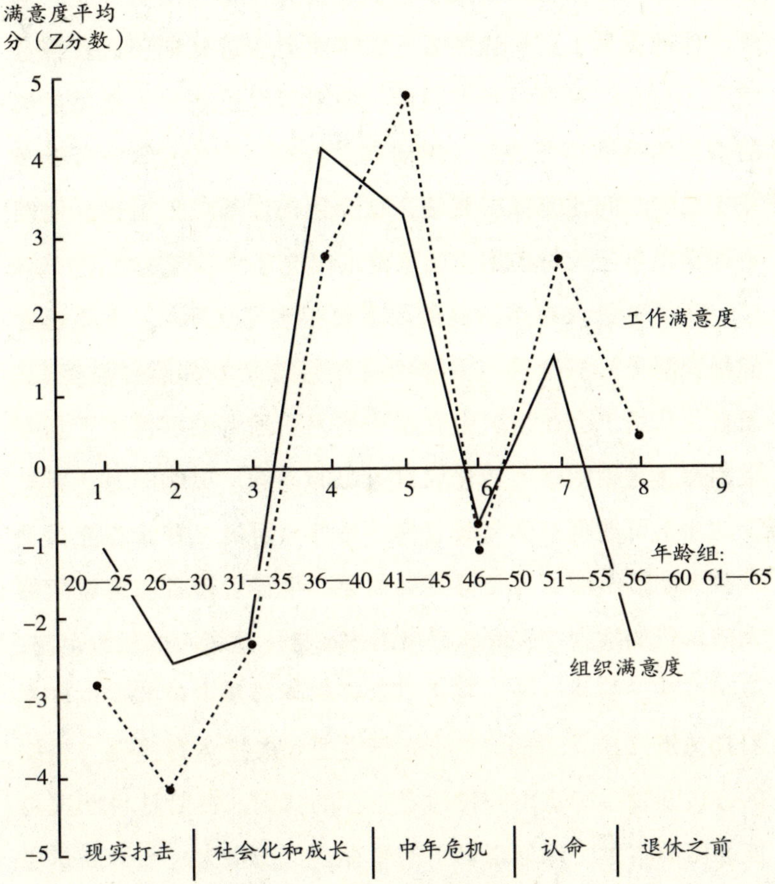

图 1　不同年龄组的满意度

来源：M. F. R. Kets de Vries, D. Miller, J. M. Tlouse, P. Friesen, M. Boivent, and R. Theriault, "Using the Life Cycle to Anticipate Satisfaction at Work", *Journal of Forecasting*, 1984。经过 John Wiley & Sons, Ltd. 的许可翻印。

现实打击阶段

我们可以从图 1 中看到，进入组织后，工作/组织满意度下降。这一现象可以从几个方面去解释。常见的解释是，刚刚工作的新员工，一般怀有过高的期望。[12]即使期望比较符合实际，也存在另外一个可能性，即组织没给新员工提供足够的培训和奖励。[13]此外，与以前在学校相比，在组织中可能要花更长的时间才能取得成绩，这会让很多新员工沮丧。他们也许觉得自己大材小用，还觉得工作没有什么挑战性。[14]

新员工进入组织，一般要通过很多“关卡”，还要处处仰赖资深员工。这一点并非所有年轻管理者都能轻易接受。而且，新员工会在组织中看到一些无法理解的事情，于是心生困惑，这种困惑会转化成对组织的不满。更糟的是，新员工的才干可能得不到充分发挥。另外，新员工并非总能找到带教人。搞不清状况又得不到指导，年轻管理者也许就茫然无措。正如沙因（Schein）[15]指出的那样，这个阶段从头至尾，组织都在考验新员工。对这个阶段刻画得最出色的，也许是罗森包姆（Rosenbaum）[16]的竞赛模型。根据竞赛模型，组织的选拔系统会制造出一种适者生存的状况。尽管这种状况可能会威胁很大一部分新员工的生存，打击很大一部分新员工的士气，但是有些新员工会很快适应，对工作/组织非常满意。[17]

这个人生阶段往往还要恋爱成家，所以非工作领域也会发生剧烈变化。这是一个探索的时期，要形成初始的人生结构，首次在工作与生活之间权衡。在非工作领域经受压力和挫折，再加上个人期望与组织期望存在差异，也许可以解释为什么在现实打击阶段工作/组织满意度比较低而且仍在下降（见图 1）。

下面举例说明现实打击阶段发生的事情。在某届管理培训班上，我们遇到了一个名叫伯顿 · 菲尔默的学员。他是常春藤大学的全优生，以第一名的成绩毕业。他做过辩论学会主席，还是其他几个社团的杰出社员。他就是校园招聘专员梦想中的“猎物”：非常聪明，擅长社交，志向远大。菲尔默去很多公司面试过，这些公司都给他发了聘书。最后，他决定进入一家大型计算机制造公司做财务分析员，因为他觉得计算机制造业充满活力、成长迅速，能提供很多发展机会，他可以立即学以致用。

入职 4 周后，他开始转变想法。接下来的两年半，他越来越不满意，最终离职了。他有很多怨言。第一，工作其实并没有招聘专员当初介绍的那样精彩、那样重要。他的主要任务是评估各种小项目的赢利潜力，其中很多项目，他要花数月完成分析、准备报告，提出的建议却经常被上司或者更高层的某个领导者驳回。第二，他发现自己没有什么机会接触高层。他没有见过多少经理人，因为他的建议要么被上司否决掉，要么被上司据为己有，拿到高层兜售（他从不确定每次建议到底是哪种结局）。他觉得，努力结果如何，他完全无法控制。第三，上司显然受到了他的威胁，所以两人之间的关系比较紧张。他的上司，50 岁左右，毕业于中西州立大学，被公司安排在一个没有前途的职位上。这个人认识到了自己既没有菲尔默聪明也没有菲尔默能干，害怕菲尔默成为又一个爬到自己头上的下属，于是想方设法打压菲尔默，不让菲尔默显露才华。

菲尔默告诉本书的一个作者，在公司待了两年，他就倦怠了。他说，读大学时，他在课堂上挑战智力，在田径场上发挥拼搏精神，在社团中锻炼领导能力。但是现在他非常压抑。他没有学到多少东西，他在公司没有什么影响力，而且他似乎没有什么发展机会，特别是考虑到他与上司关系不好。此外，他同一部门的同事大都是胸无大志的保守主义者，其中有少数人非常讨厌他的热情、上进。最后，结婚 3 年后，他觉得（也许是错觉）妻子不再像以前那样尊重他了。因为他对自己期望很高，所以他认为，他的事业没有多少进步、工资没有涨多少，多多少少让妻子感到失望。妻子怀孕后，家里的经济更紧张了。一方面，家里的花销大了，另一方面，家里的收入少了，因为妻子不得不辞去了兼职工作。这一切都让他觉得很烦。

社会化和成长阶段

我们可以从图 1 中看到，工作/组织满意度下降几年后转而上升。一个解释是，组织社会化开始显成效了。[18]另外一个解释是，个人与工作/组织磨合好了。[19]个人渐渐适应组织环境。另外，现实检验的有效性提高了；抱负与机会的差距缩小了，让人更容易静下心来做事情。年轻管理者进一步了解到组织生活的实际样子，也进一步了解到工作的种种局限，变得不再那么理想主义。不管是知道了应该对组织抱什么期望还是学会了降低自己的期望[20]，结果都是一样的——满意度上升。

在这个阶段，管理者有可能首次体验成功，结果胜任感增强，对工作/组织更满意。这个时候，他们可以评判当初的职业选择是否明智。如果觉得在目前组织目前职位上付出大于收获，那么他们必然会到其他地方寻找更合适的职位。可以假定，这个时候，对工作极不满意的人大都已经离职了。

在这个阶段，管理者不再为能否在组织中生存下去担忧，开始考虑在组织中的长远发展。他们变得越来越独立，渐渐离开带教人。[21]他们在组织找到了立足之地，内心变得宁静。他们现在知道如何给自己定位，也知道如何在定位之后做后续的努力。他们现在更熟悉公司政治，与同事、上司相处得更好了。他们开始形成组织身份感。所有这些因素都有助于提高满意度。

家庭方面，恋爱成家的压力消失，养家糊口和教育子女成为更重要的议题。有了家庭做大后方，管理者的安全感增强了，进而幸福感增强了。

下面举个正面例子说明社会化和成长阶段发生的事情。弗罗拉·卡尔森在一家造纸公司工作了 11 年。大学一毕业，她就进入了这家公司，最初是做跟单员。工作几年后，她觉得继续做跟单员没什么前途，于是要求转到成本核算部，因为她已经开始在夜校上会计班，发现成本核算与她的能力和兴趣正好对口。她如愿转到了成本核算部，从成本分析员做起。3 年后，她积累了足够的资历，于是报名参加注册工业会计师考试。2 年后，她通过所有考试，获得资格证书，成为会计部的副经理。这是她的第一个管理职位。

弗罗拉很快适应了这个新职位（尽管之前一直做参谋职位）。她精通业务、容易相处，下属喜欢她；她工作热情、技能娴熟，上司欣赏她。实际上，没过多久她就接到第一个真正具有挑战性的任务：改进现有的成本核算办法。她付出了 1 年的辛苦劳动，取得了有目共睹的成绩，开始频繁接触财务副总裁和公司财务部。但是，最让她高兴的是，她又掌握了一门技能，而且娴熟地应用在了一个对公司非常重要的项目上。她在公司的重要性正在提高，她的技能正在增加，她的才干正在得到认可，她的前途越来越光明。

中年危机阶段

对管理者而言，35 岁到 45 岁是人生的一个关键时期。从图 1 中可以看出，这个阶段，工作/组织满意度急剧降低。背后原因可能有很多，比如，生命周期研究所说的中年危机。提出这个概念的杰奎斯（Jaques）发现富有创造力的人群在 35 岁到 39 岁期间的死亡率特别高。[22]他认为这一现象的原因在于，人们在这个人生阶段会意识到自己终归是会死的。意识到自己终归会死，可能就会抑郁。其他研究者进一步探索了这一人生观变化。内加藤（Neugarten）提到，同一个人在不同人生阶段对时间的看法是不同的。她指出："步入中年后，就不再说自出生后多久，而是说还有多少日子可活。除了改变了时间计量方式，还认识到了时间是有限的。"[23]埃里克森认为在这个阶段，"生殖与停滞（generativity vs stagnation）"的矛盾开始显现。生殖是指，指导晚辈，在工作中具体是指，担任带教人，辅导、支持下一代管理者。[24]与之对应的停滞，是指没有成长。这对矛盾处理不好，就会因为争不过年轻人而嫉妒、愤怒。

人到中年，就更清楚组织的金字塔结构意味着什么。越往上，职位越少，升职机会越小。在这个阶段，职业发展慢了下来，管理者生出举步维艰感。中年管理者，因为感到了心理和经济上的限制，往往不敢做出改变。索菲尔（Sofer）在研究中发现，中间年龄组（35岁到44岁）男性是所有年龄组男性中对工作最不满意的。[25]造成这个阶段工作满意度低的原因还有，因技能落伍而心生焦虑。因此，引发中年危机的，不仅有个人发展因素，还有社会环境因素。[26]

中年危机并非仅仅针对工作而言，它还包括非工作领域的问题。首先是生理方面，体力下降，身体变差，性能力降低，更年期反应等。在这个阶段，婚姻满意度也降至最低。[27]可以料到的是，随着孩子变得越来越独立，以前为了孩子而勉强维持婚姻的夫妻选择在这个阶段离婚，这会增强抑郁感和不满感。对孩子感到失望，想纠正孩子的缺点却发现为时已晚，这也会增强抑郁感和不满感。人到中年就会认识到人生是有局限的，特别是认识到自己的人生和能力是有局限的。抱负与成就的差距变得更明显。这个时期，人会觉得时间快用完了，再也没有机会实现理想了，于是幻灭、失望，出现各种防御反应。[28]还需要调整重心，实现新的工作—生活平衡，这个任务也是很有压力的。

鉴于所有这些因素，我们可以假定，在这个过渡阶段，对工作/组织的不满，不过是代表了对整个人生的不满。很有可能，生活中的很多压力体验转移到工作/组织上了。

下面举例说明中年危机阶段发生的事情。43 岁的彼得·昆西（Peter Quincy）正处于人生低谷，经历着中年危机。他早年的职业发展十分出色。他高中没毕业就参加工作了，在一家公司的信房（邮件收发部门）做勤杂工。接下来的 6 年，他在信房一步步升职，先是办事员，然后是副经理，最后是经理，手下管着 14 个人。

昆西随后十几年的职业发展也十分成功。他开始对销售感兴趣，主要是因为他喜欢与人打交道，其次是因为做销售比做信房经理挣钱。人事经理认识到了他的能力和抱负后，派他参加销售培训。培训过后，他就加入了营销部，做了销售员，很快脱颖而出，成为公司最成功的销售员之一。实际上，他做销售第二年就获得了所辖分部的销售奖。他的工资涨了很多，是做信房经理时的 2 倍多，是做勤杂工时的 4 倍多。加入营销部不到 6 年，他就成了分区销售经理，手下管着 18 个销售员。他设计出新的激励制度，大大提高了销售员的工作积极性。他还对所辖分区进行重组，优化了流程，让销售员的工作变容易了很多。最后，他重新划分销售片区，让最好的销售员负责最好的片区。他所辖分区的销售额迅速提高。仅仅过了3年，他就成为分部销售经理，时年35岁。在接下来的2年，他把在原先所辖分区的成功做法应用到整个分部。他甚至把这些做法推广到了其他分部。

但是，之后，他的发展就变慢了。与早年相比，接下来的6年实际上十分平淡，只是按部就班地工作。他自己止步不前，只能眼睁睁地看着年纪更轻、受过更好教育、更适应社会的管理者不断升职。于是，他嫉妒不已，因为他深信自己和那些不断升职的人一样上进、能干、勤奋。他还认为，他之所以止步不前，是因为受到了不公平的对待——他不会巴结上司，上司不给他机会。意识到自己以后在公司的日子不会像前20年那样充满刺激、挑战和奖励后，他心生怨恨。他认为，他以后没有发展机会了，不管是在本公司，还是在其他公司——他必须调低目标，因为到了这个时候，他成为高级经理人的可能性已经微乎其微。在一份工作上、在一个组织中停滞不前，就很难再对这份工作、这个组织满意。

造成昆西在这个人生阶段不满意的最后一个重要因素是，家庭矛盾恶化。他十几岁的大女儿，价值观完全与他相反。她搬出去与男友住在了一起，这一举动让昆西永远不能真正原谅她。他的妻子比他更能理解大女儿，所以他与妻子的关系也出现了裂痕。工作上的问题让他的无能感越来越强烈，结果他在家里的脾气越来越坏，经常大发雷霆或者反应过激，这当然加剧了家庭矛盾。到了这个地步，他不得不向心理医生求助。

认命阶段

经历中年危机后，似乎就渐渐认命。莱文森及其同事把这个阶段叫作“恢复稳定期（restabilization period）”，因为在这个阶段，旧的人生结构瓦解，新的人生结构形成。[29]管理者到达了职业发展的高原状态。[30]修通了失望情绪，进行合理化，开始认命。[31]管理者向现实妥协，开始接受自己的局限。他们放弃梦想，对未来关注少了，对当下关注多了。

这个阶段，很多管理者开始从带教下一代管理者中获得更多满足。培养下属，可以让人获得很多替代满足。中年危机的骚动已经过去，生殖还是停滞的选择已经做出。结果，内心更宁静了。

管理者还经常把兴趣转移到工作之外的活动，从中获得满足。孩子离家后，婚姻达到新的均衡状态。更有可能扮演新角色了。这个阶段，婚姻满意度往往会提高。[32]在认命阶段，受所有这些因素的影响，工作/组织满意度有所上升（见图 1）。

我们可以继续以昆西为例说明认命阶段发生的事情。进入认命阶段几年后，他变了很多。他的满意度上升了，背后的主要原因有两个。第一个，他的工作观大有改变。以前，他把大部分希望寄托在工作上，把大部分精力投入到工作中，希望为公司做出重大贡献，在公司挣得荣誉。但是现在他在矫正工作观，开始把工作主要看作确保家人过好日子、自己退休之后过好日子的手段。他不再一门心思做热门人物或明星员工，而是把精力更多地用来培养两个最有前途的下属。他送他们参加培训，用各种任务锻炼他们，花很多时间指点他们、为他们解疑。简而言之，他开始做带教人，而且开始从带教别人中获得很多满足。

第二个主要原因是，家庭生活有所改变。名利心淡了，不再做工作狂，他就有了更多时间和精力投入到家庭之中。他与妻子、女儿的关系改善了很多，与她们的互动更频繁了、更有意义了。这是因为，没有工作压力，他的内心更有安全感、更成熟了。另外，他还参与慈善工作。为了让生活更丰富，为了不再只盯在工作上，他决定为所在社区做更具体的贡献。他辅导贫困儿童学习、给孤寡老人解闷，从中获得了很大的乐趣。他还花很多时间打高尔夫、钓鱼——他自 10 岁开始就一直没有怎么参加的两项活动。

退休之前阶段

经历中年危机后，很多人认识到，人生只有一次，不可以重来。管理者更经常地内省，希望在行与思之间实现新的平衡。[33]退休之前阶段，是重新评价的时期，是整合自我的时期，是解决未竟事业的时期。这个阶段，管理者似乎又经历了一次同一性危机，最后对退休状态妥协。埃里克森认为这个阶段的主要矛盾是，“整合对绝望（integration vs despair）”。[34]在这一阶段，要么实现自我的整合、获得人生的圆满，要么充满绝望，痛苦不堪。回顾人生，整合者充满自豪，绝望者充满遗憾。

退休意味着权力不再、职责不再，这一点让很多管理者难以接受。他们也许觉得很难适应新角色，也很难找到工作之外的兴趣。这种状况很好地体现在为接班人问题而烦恼的企业家身上。[35]管理者担心，退休之后，社会地位会降低，经济收入会减少。角色改变、地位改变、离开熟悉的工作环境，适应起来并不容易，尤其是因为管理者的很大一部分自我都与工作/组织绑在一起。

导致不适感的，还有其他因素。退休之后，更多时间待在家里，可能与配偶发生摩擦，要很长一段时间才能磨合好。健康问题、经济问题、社交活动减少，也让人烦恼。因此，不足为奇的是，对人生的不满，会转移到组织上——组织太绝情了，自己做了那么多贡献，最后还是被赶了出去。

弗雷德·克兰-罗伯逊（Fred Crane-Roberson）还有2年就退休。在人事部门工作30年后，他被迫转到了利润规划部门。公司聘请顾问重组了人事部，没给弗雷德留位子。所以，做了多年直线职位的他，被安置在一个没有前途的参谋职位上，具体是做成本分析员。弗雷德真的喜欢与人打交道，也真的喜欢帮助员工做职业规划。可是在新职位上，这两件事他都没机会做。为组织服务多年，做出很多贡献，最后却遭到如此无情的对待，让他对组织非常不满。

弗雷德对新工作一点都提不起兴趣，把大量时间花在磨洋工上。午饭吃很长时间，经常在上班时间去看望以前在人事部的好朋友，时不时地请病假。他不过是在混日子等退休，实际上，他正在考虑提早退休。

让工作环境与人生阶段匹配起来

我们的发现尽管带有很多推测成分，但是多多少少能够说明工作/组织满意度受生命周期的影响。不同人生阶段的总体幸福感与不同人生阶段的工作/组织满意度，似乎密切相关。这些生命周期效应，也许可以解释寻找工作满意度预测因子的研究为什么结论莫衷一是。

顾问在进行工作设计时，最好把我们讨论过的生命周期效应考虑在内。不仅要弄清组织处在生命周期的哪个阶段，而且要弄清管理者处在生命周期的哪个阶段，具体要知道各个阶段的任务和挑战。顾问必须特别注意的是，为处于现实打击阶段、中年危机阶段或者退休之前阶段的管理者设计充满趣味且提供支持的工作环境。这些阶段，管理者最容易出现士气问题，所以需要特别关注。

第 2 篇
克服变革阻力

第 6 章　确认防御机制和阻抗来源

哦，不幸的俄狄浦斯！为什么你一定要知道呢？为了阻止你扯开面纱，为了保护我们的幸福，我能做的都做了。既然你不听劝告，执意要知道真相，那就如你所愿吧。可是，那么可怕的真相暴露出来后，我怎么还敢出现在你的面前，在我们的孩子面前，在那些听脚步声正在向我们走来的人的面前呢？

——安德烈·纪德（《俄狄浦斯》）

在第 1 篇讨论了各种各样的组织运行不良后，现在，我们在第 2 篇把焦点转向变革。

本章的目的是把临床精神分析中的阻抗和防御概念应用到组织背景下。在临床精神分析框架里，阻抗是病人给治疗师进行分析、给自己获得领悟设置的障碍，大都是抵制某些回忆或者自由联想。阻抗背后有几个常见动机。第一，病人不愿改变，也许是因为可以从症状中获得关心、关注之类的好处。第二，寻找问题根源的过程可能十分痛苦，而人通常会回避痛苦。有趣的是，内疚的人反而追求痛苦，因为痛苦可以让他们赎罪。这就引出了阻抗背后的第三个动机——病人因为觉得自己不配获得解脱而宁愿继续病着。精神分析的技术错误，也可能引起阻抗。还有很多其他原因。

与阻抗联系紧密的另外一个精神分析概念是防御机制。阻抗是指看得见的行为，而防御机制是阻抗的形成机理。换句话说，防御机制引起了阻抗。不过，与“阻抗”相比，“防御”是个含义更广的概念，防御可能是阻抗，也可能不是阻抗。

一般而言，在咨询背景下，我们会碰到大量阻抗。这种反应之所以出现，是为了抵制令人痛苦的领悟，进而维持稳定的自我感念。也就是说，调用防御机制，压抑不舒服的冲动或情绪，免得出现心理冲突。另外一个观点是，它们代表人在压力情境中的应对方式。应该认识到，防御本身不是病态的。我们都需要用防御维持正常的心智机能。防御只有变得夸张或者用得过度，才是病态的。有时，防御也许完全无效，不能控制冲动，让人很难应对日常生活的挑战。引起阻抗的原因有，焦虑、内疚、厌恶、憎恨、嫉妒和羞耻等感受；或者，担心被暴露、被拒绝，免得被人发现自己是无能的、邪恶的或者丑陋的。不管成因如何，防御会让感知发生扭曲、让行为变得僵化。防御引起阻抗，阻抗表现在生活的各个方面，但特别是在容易引发情绪反应的情境中，例如，组织变革，尤其是广泛、剧烈、深远的变革。

组织变革会让直接牵涉其中的人生出很多恐惧。变革往往涉及重新划分职权，即使不是正式重新划分，也会在事实上重新划分。有的管理者，可能被降职，生出失落感，这些管理者必须学会处理失落感、适应新职位。不管是结构变革还是人事变革，都会在组织成员当中激起各种各样的情绪反应。“被革掉”的人嫉妒“没被革掉”的人。“没被革掉”的人，要花很长时间适应新的上司、同级和下属。还有一些组织变革要求重新定义任务，结果给组织成员带来新的职业挑战。这些挑战也许让缺乏安全感的人——特别是那种多年来一直干同一工作的人——担心自己能否应付新工作的要求。这种担心可能成为强大的变革阻力。

变革期间，不同派系争夺权力，公司政治严重，可能会造成自豪感丧失、士气降低、猜疑防备等问题。

抵制变革的另外一个常见原因是，破旧立新就要承认旧的是不好的。制定新结构、新战略、新制度或新流程，就要推翻老结构、老战略、老制度或老流程；如果新一套和旧一套的制定者是同一批人，那么这批人就要否认自己过去的成就，这会让他们在组织中其他人面前显得有些“丢脸”。

显而易见，组织变革对直接牵涉其中的人而言，往往会带来破坏和创伤。结果，这些人就会生出阻抗。他们会调动各种防御机制，保护自己免受变革的威胁，应对变革引发的不安全感。治疗中的病人，一般会强烈抵制看到内心深处的脆弱，于是使用防御机制和阻抗策略来阻止意识和人格发生任何变化。因为他们花了很多时间和精力才形成目前的状态，现状尽管不好，但是至少是平衡的，能够包容原始的恐惧、攻击欲望以及其他各种各样令人不舒服的情绪和冲动。随着治疗的进行，恐惧、攻击欲望以及其他各种各样令人不舒服的情绪和冲动渐渐暴露，病人就会自然而然地否认它们的存在，压抑它们，或者假装它们在别人而非自己身上。[1] 同样的防御和阻抗也可能出现在组织变革期间，因为管理者也会努力维持现状。下面，我们要讨论其中几种抵抗，以及它们各自在组织变革期间的表现。最常见的有“防御型阻抗（defense resistance）”、“次级收益型阻抗（secondary-gain resistance）”和“超我型阻抗（superego resistance）”。[2]

防御型阻抗

防御机制的一般目的是赶走焦虑。个人愿望与外在现实不相容，就会产生内心冲突，进而产生焦虑，进而启动防御机制。防御机制一般包括：有意识的借口、被压抑的情绪和莫名的恐惧（其实有原因，只是个人没有意识到）。防御型阻抗的主要表现是，明明有问题却坚信没有问题。

根据我们的经验，文献提到的各种防御机制中，有 6 种会严重妨碍组织变革[3]。我们要介绍这 6 种防御机制引起的阻抗，并为每种防御型阻抗举个例子。我们并不是说，我们所介绍的都是定论。实际上，对于防御机制到底由什么构成，文献还有很多争议。

压抑（repression）　把记忆、欲望、情绪、想法和愿望排斥到意识之外，就像它们不存在似的。压抑的目的是，回避容易引起焦虑的想法和感受。[4] 压抑最常见的表现是，记忆空白和选择性遗忘。

给大型组织做顾问期间，我们见过多个生动的压抑案例。例如，某公司的产品经理采用死板的威信价格策略，结果市场份额持续下滑。随着竞争对手以低得多的价格销售非常有竞争力的产品，销量萎缩，利润受损。产品经理与我们讨论时，能迅速列出竞争对手产品的很多缺陷，正确说出历年成本和利润方面的数据（哪怕是多年以前的），灵活运用相关的财务知识。但是，他总是记不起来市场份额方面的数据。确实，显而易见，这个产品经理可以记起所有说明他的定价策略是明智的数据，很难记起说明他的定价策略是有严重问题的数据。高级营销经理人和顾问制定了新的定价策略，往下推行。产品经理最初有些抵制，后来同意了，但执行得并不尽心。他忘记参加关键的会议，他一再选择性地呈现片面的证据说明产品的优势，他记录并记住了利润率（利润率下降了，他想以此说明他原先的策略“更好”），但是忘记考虑市场份额（实行新策略后，市场份额迅速提高）。

退化（regression） 使用原始而幼稚的方式应对困境。[5] 一般而言，退化发生在自尊受到严重威胁之时。感到惯用的压力应对方式不再有效，为求安心，就重新启用古老的行为模式。这些行为模式，在早期童年是有效的，因为那时的情境比较简单。成年人面临的情境要复杂很多，如果使用这些方式，那是很难发挥作用的。

跟我们有多年合作关系的一个经理人，提议所在公司进军一个高科技行业。公司批准了他的提议，给他提供了相应的资源，让他担任项目负责人。然而，两年半后，公司的高级经理人发现，随着项目的进行，其成本很有可能超过其潜在回报。公司聘请的顾问建议公司大幅削减在这个项目上的投资，或者完全放弃这个项目，转而投资其他项目。那个经理人自己也认识到了，原来饱受赞扬的项目现在举步维艰，他的能力正在受人质疑（至少是暗自质疑）。他开始频繁翘班，一般是去公司附近的一个街心公园。他还开始花很多时间做飞机模型，这是他小时候的一个爱好。与上司开会期间，他经常做白日梦，远远不如以前警醒。一次，当上司问到某款样机的完工日期，他变得特别激动，表现得像孩子一样。最后，公司另外派了一个经理人来领导那个项目。

投射（projection）　把自己身上不为自己接受的态度或特质归到他人身上。目的是避免内心冲突。只要是痛苦的、危险的东西，统统都不是自己的，而是别人的或者环境的。[6]具有偏执倾向的人，经常使用这个防御机制。他们把自己的敌意“投射”到别人身上，以减轻内疚和焦虑。投射会扭曲对现实的看法。在第 2 章讨论战/逃文化时，我们看到过这个防御机制是如何起作用的。

一家大型造纸公司，工程部认为必须安装一项电子控制程序来监控造纸质量。已经有几个竞争对手采用了这个程序，成功降低了废品率、提高了利润率。技术顾问和工程师们向工厂厂长们推广这个程序，结果引起了一个厂长的偏执反应。他坚信，工程部部长对他不怀好意，想为难他。他还坚信，技术顾问们被工程部部长收买了，配合工程部部长向他报仇。最后，他担心，新程序安装了，高级经理人就有借口让他退居二线。安装新程序，意味着他的那套控制程序过时了。

有趣的是，这个厂长也有工程背景。几年前，前任工程部部长突然辞职，留下了职位空缺，他想补上去，于是四处活动，结果失望地发现公司已经另有人选。当时，他跟很多经理人抱怨过那次选拔是暗箱操作，潜台词是新工程部部长不够格。现在，当工程部建议对生产监控系统实施变革时，他的那些感受再次出现。他似乎把自己的敌意投射到了工程部部长身上。他竭尽全力抵制变革，别人怎么劝都没用。结果，他断送了自己在公司的前途。与此同时，新系统的实施确实因为他的抵制延迟了大约 9 个月。

认同（identification）　把别人的欲望、想法和感受等不自觉地吸收成为自己的并表现出来。认同的结果就是，采取重要他人的行为模式、价值观或态度。[7] 认同可能非常具有建设性，因为它有利于个人适应社会环境和文化环境。这个防御机制很少单独出现，而是经常与其他一种或者一种以上防御机制同时出现。

一种特殊的认同是认同施暴者（identification with the aggressor），具体是指“采取施暴者的行为模式、价值观或态度……把自己从受威胁者转变成威胁者”。[8] 当自己认同的人让自己产生严重的焦虑时，一般就会启用这个防御机制。

认同施暴者非常不利于组织变革。下属如果认同残暴的上司，采取上司的信念、态度、价值观和行为模式，就会没有变革意识，更别说变革举动。第3章讲过认同在理想化移情中的重要作用，这里说说我们遇到的一个极端的认同施暴者案例。乙公司收购甲公司后，派了一个新总裁给甲公司。甲公司经理人都很害怕，因为乙公司的人事政策向来冷酷无情。新总裁不了解市场，提出的方案经常有错误；甲公司经理人尽管了解市场，但是并不指出其中的错误，而是一味地附和。新总裁来自一个迥异的行业，他根据那个行业经验制定的战略，完全不适合甲公司。然而，甲公司经理人，没有一个人提出反对，甚至没人思考过战略的可行性。甲公司经理人还模仿新总裁的行为模式，甚至着装风格、小动作和表情。这种顺从最终给甲公司造成了严重后果。

反向形成（reaction formation）　无意识的冲动在意识层面上向相反方向发展，外在的行为或情感表现与内心的动机欲望或者自然的性格特质完全相反。[9] 内心是憎恨，但表现是十分喜爱；本性是邋遢，但表现是洁净成癖；本性是自私，但表现是过分慷慨；内心是固执，但表现是十分顺从。真实的态度或特质，被压抑在无意识层面。要是一种情绪或行为表现得太过，让人觉得不现实或者不正常，就很有可能是反向形成在起作用。

科学管理之父弗雷德里克·泰勒（Frederick Taylor），是用反向形成压抑攻击冲动的典型代表人物。[10] 泰勒强烈相信，他的工作量测量办法、时间与动作研究会让管理者与工人合作无间。有趣的是，看到别人吵架打架，泰勒会觉得特别不舒服。他一生都在努力做和事佬。实际上，与他同一时代的人评价他说，他总是不由自主地给别人调解矛盾，即使别人有无矛盾跟他一点儿关系都没有。我们可以把泰勒的这种表现解释为，在意识层面反方向地发展无意识的攻击冲动。确实，科学管理存在一个悖论：本意是促进管理者与工人的合作，结果却造成两者冲突不断。卡卡尔（Kakar）认真分析泰勒的人格后说，“制造和平是他宣泄内心敌意的唯一办法”。[11]

在很多情况下，反向形成会让行为过分到适应不良的地步。正如在第 3 章讨论理想化移情时看到的那样，无意识层面憎恨上司，但意识层面把上司过分理想化，看不到上司的缺点，失去批判思维能力。反向形成，如果是为了压抑依赖需要，那么就很可能造成对掌权者的敌意，妨碍合作。感知变窄、情感放大，就很难理性而恰当地对待组织变革。

否认（denial）　组织变革情境中最常见、最基本的一个防御机制，也许是否认。这经常发生在管理者经历过创伤体验后，比如被降职，被转到较差的部门或职位，或者宛如“囊中之物”的升职机会被抢走。否认，就是拒绝相信某件令人不快或令人讨厌的事实。[12]真相太容易让人焦虑。否认会让人暂时生出什么都没变的幻觉，还会让人拒绝一切会打破这个幻觉的信息。正常情况下，否认持续时间非常短，要不了多久就会直面痛苦的现实。但是有时，否认及其引发的幻觉会持续很长时间。

在一个非常明显的否认案例中，一家大医院的某高级经理人被降职了，权限少了一半，所掌管的部门中，最好的几个移交给了新来的高级经理人。一连几个月，他表现得就像什么事都没发生一样，还是像以前一样联系并指导那些已经不归他管的几个部门的部门经理。与组织内部的同事、组织外部的顾问说话时，他不断提到那些移交出去的部门，就像那些部门仍然归他管一样。实际上，重组三个月后，他才告诉妻子、朋友发生了什么事。这说明他开始面对现实了。不用说，他几个月的否认，让已经不归他管的几个部门的部门经理和新来的高级经理人非常不舒服。

次级收益型阻抗

次级收益型阻抗是指，无意识地希望通过维持“无效”状态来获得他人的在意和关注。这种阻抗是满足依赖需要的一种方式。它在行为上可能表现为，打着希望改变的幌子向人求助，实际上只想获得关注（次级收益）。适应和独立意味着失去这些好处。

次级收益型阻抗经常来自那些觉得自己不受欢迎、被人拒绝的人。他们渴望关注（甚至喜爱），以应对自身的弱点和不安全感。一般而言，这些人会为了获得关注而表现得配合促变者，但实际上却在抵制变革。他们知道，改变了，就会失去促变者的关注，也就是失去“次级收益”。他们很难放弃从不良状态中获得的好处，比如，满足依赖需要、受人关注。[13]

约翰·巴伦，一家大型公司会计部的部门经理。最近 10

年，他所在的部门经历了一场又一场人事变革，与他同代的同事都离开了，要么转到了其他部门，要么退休了。他现在的下属和同级，一般都比他年轻 20 岁。结果，他变得十分孤独，特别是这两年。他与上司行政副总裁的关系甚至也疏远了。他们曾经合作无间。但是，最近 5 年，行政副总裁认识到他十分能干后，就让他独当一面，自己则把注意力放在另外一些相对不太能干的部门经理身上。一天，约翰去看病，说自己嗜睡、恶心。医生检查过后，没有发现他的身体有问题，于是诊断他患了紧张性疲劳，建议他休息。

约翰·巴伦请了病假。行政副总裁几乎立即打来电话表示关心，第二天亲自上门探望他，接下来的几个月保持一个月探望他一两次。显而易见，他非常享受行政副总裁的探望，因为平时他总是闷闷不乐的，只有行政副总裁来探望他的时候他的心情会好一些。上司突然这么关心他，让他非常感激。然而，他的病一直不见好转。人力资源副总裁让本书的一个作者去看看到底怎么回事。这个作者曾经给那家公司做过咨询，与约翰有过几面之缘。接受人力副总裁的邀请后，这个作者找约翰聊过几次，发现他害怕回去工作就会再次体验孤独。约翰宁愿病着，尽管受限制、不舒服，但是有机会与上司进行长时间的交谈，上司需要他的建议来管理会计部。发现这一点后，顾问建议重新设计约翰的工作，让他与上司以及其他高级经理人有更多的互动，以调动他的积极性，让他回去工作。

超我型阻抗

最后一类阻抗的特征是，觉得内疚，渴望为自己犯下的（真实的或想象的）罪孽受到惩罚。出现这类阻抗的人，觉得需要满足“超我”的道德要求。超我型阻抗的实质是禁止享乐（check on pleasure），表现为不断犯错，这样就可以受到惩罚，最终得到宽恕。

在组织背景下，我们经常见到一些管理者升职后不久变得特别容易出错。例如，一家大型化工公司彻底重组人造纤维分部后，把这个分部的一个经理人提拔为制造总监。他晋升到这个职位，不仅工资多了一半以上，而且地位变得非常重要。他之前一直非常能干，就他表现出来的能力来说，他应该完全可以胜任新职位。但是，在新职位上，他开始进行几乎没有什么成功希望的创新，冒着很大风险投入大量资金到基础建设上。尽管他的所有顾问、他的上司都提醒过他方向错了，但是他仍然一意孤行，直到被降职。这次的职位也涉及优化制造流程，但是奇怪的是，他又变得非常能干，用8个月的时间主持完成了公司历史上最成功的两项制造创新。从升职带来的内疚感中解脱出来后，他不再无意识地觉得需要犯错，于是恢复了能力。

阻抗包括所有保护一个人免受危险体验伤害的机制（这里的危险，是主观的，不是客观的）。这些防御尽管初衷是保护，但是结果可能是适应不良。过度使用或者错误使用阻抗，可能导致选择自由受限、决策能力受损。

心理治疗以及组织干预能否成功，取决于管理者能否克服阻抗。阻抗可以维持适应不良的防御（在组织背景下，表现为运行不良）。理解阻抗，有助于治疗师/顾问除去转变/变革阻力。理解了阻抗，可能就会领悟症状背后的心理根源。

我们会在下章看到，阻抗不会迅速消失。领悟不会轻易获得。克服阻抗，需要大量时间和精力。不幸的是，我们经常没有那么多的时间和精力，于是不得不借助只能暂时缓解症状的操纵技术、暗示技术或者宣泄技术。然而，不弄清阻抗的根源、不去掉阻抗，就不可能让人/组织发生有意义的、持久的变化。

第 7 章　促进领悟和修通

我知道为什么这么多人喜欢伐木，因为这个活动可以立即见到结果。

——阿尔伯特·爱因斯坦

组织研究经常使用“干预（intervention）”一词。这个词让人想起顾问以及其他企图通过组织变革来改进组织运行状况的“促变者（change agent）”。然而，很多干预策略不是从整体着眼解决问题，而是头痛医头脚痛医脚。例如，顾问经常建议组织引入新的信息系统，制定新的市场战略，或者设计新的工作生活质量项目。通常，他们只是象征性地考虑一下这些变革对组织文化以及关键组织成员有什么影响。他们主要关注可以直接观察到的表面现象，非常忽视对成功变革至关重要的隐秘心理力量。

管理者必须了解的一点是，组织每次根据外部环境的变化调整各种事务的优先权，都要从上至下贯彻下去，落实到群体、人际和个人。有效的组织变革，要把所有这些水平都考虑在内。在组织因为运行不良而需要实施变革的时候，组织分析和组织干预就显得特别重要。导致组织变革的因素有，技术落后、竞争威胁、权力更迭，等等。

正如我们将要看到的那样，变革遵循固定的模式，分为不同的阶段，每个阶段都容易出问题。我们会介绍这些阶段，指出变革给个人、给人际带来的关键挑战，讨论可以如何应对这些挑战。

本章分为两大部分，各自从一个角度讨论组织变革，借鉴的是精神分析临床实践中的框架。第一部分从治疗师或顾问的角度出发，介绍如何通过对质、澄清和解释帮助来访者或客户获得领悟——认识问题及其根源。只有领悟了，才有可能发生有意义的变化。第二部分从来访者或客户的角度出发，介绍转变或变革过程中的体验。这部分的重点是修通——遭遇灾难的人发生一系列认知和情绪反应最后适应或转变的过程。没有修通，领悟就没有用。反之，没有领悟，修通就可能不但没有建设性反而有破坏性。

促进领悟

就像给人治病一样，给组织治病的第一步是评估症状。只有综合评估了各种症状，才能做出诊断。[1] 评估结果是设计组织干预项目的依据。组织分析师变身为促变者，帮助组织参与者实现更满意的运行状态。

“改变”是组织文献和临床文献中的流行话题（英文都

是“change”，但是中文习惯把组织的“change”叫“变革”，把个人的“change”叫“转变”）。为了促进转变，精神分析师特别强调让来访者获得领悟（insight）。他们视领悟为转变的前提条件。不获得领悟，就不可能发生有用而恰当的变化。促进领悟的技术有几个，分别为“对质（confrontation）”、“澄清（clarification）”、“解释（interpretation）”和“修通（working through）”。[2] 我们要讨论如何应用这些技术促进领悟，并为每项技术附上一个案例，这些案例都是我们在实践中碰到的。

对质指明确问题，让来访者或客户认识到正在发生什么事。注意力放在来访者或客户一直回避的议题和行为上。澄清指进一步明确问题，把细节部分、模糊部分都弄清楚。对质和澄清通常互相补充。

下面说说我们在精神分析实践中遇到的一个案例。企业家马克·芬顿，在几个星期的治疗中一直只谈工作上的事情。他详细地描述，在他的公司，各种事情进行得多么顺利。他还详细地讲述，他与下属的关系是多么好。他还详细地解释，他最近采取了哪些措施，如何大大改善了工作氛围。他谈道，他手下的管理者赞美他领导有方。他还说，他经常受邀到行业协会大会上讲话，而且，他的讲话显然大受欢迎。他这样不停地说一些自大的话，治疗师终于忍无可忍、打断了他。治疗师向芬顿指出，这几个星期，他很少谈论他与妻子的关系，而他来咨询的一个主要原因就是与妻子关系不好。在治疗师看来，他似乎在回避什么，而对质也许会让他意识到这一点。长长的沉默之后，芬顿承认他确实不想谈论他的妻子，不过他有充分的理由。他说，他与妻子的关系非常好。于是，治疗师使用澄清技术，让他详细说说他与妻子的关系是怎么个好法。芬顿说，他最近还和妻子共进晚餐了，两人都非常愉快，这证明他们的关系非常好。这时，治疗师再次使用对质技术，向芬顿指出，几个月前，他愤愤地抱怨说，他的妻子对他的工作从来不感兴趣。实际上，芬顿甚至说过，她总是"泼冷水"、吹毛求疵、轻视他的成就。芬顿没有直接回应治疗师的这些话，而是继续说，他的业务扩张了很多，他花在工作上的时间越来越多，这严重影响了他的生活，特别是他的健康。似乎，经过对质，领悟的苗头出现了，因为芬顿开始意识到并非一切都好。然而，治疗师指出的负面事实，芬顿很难接受。尽管他的防御稍微变弱了一些，但是他仍然对他的问题的原因没有足够的领悟，他也没有认识到自己的任何阻抗。

我们之所以用临床案例说明对质、澄清，是因为临床案例比较详细。不过，组织背景下的对质、澄清大抵也是如此。在组织背景下，个人会不断出现阻抗，不想处理领悟带来的痛苦和失落。上述例子说明了，如何通过对质、澄清把来访者或客户回避的问题暴露在聚光灯下，为最终的领悟奠定基础。然而，要让来访者或客户为改变自我认识和人际交往方式做好准备，还有很多事情要做。

通向领悟的第二步，可以叫作解释。身为治疗师或顾问的我们，使用这个技术向来访者或客户指出他为什么出现某种体验、这种体验意味着什么，以透过问题的表象查找问题的根源。解释的形式多种多样[3]，不过可以分为三大类。一是移情解释，确认人际互动中的移情成分。向来访者或客户指出，他过去与某个重要他人的关系如何影响他现在的人际互动——他如何在当前的人际关系中再现过去的体验。二是内容解释，理顺人生发展史。向来访者或客户指出，他在成长过程中受到哪些因素的影响变成现在的样子。三是阻抗解释，向来访者或客户指出，他使用了哪些防御机制，这些防御机制容易在什么情况下出现。不管是哪类解释，都有望带来领悟，进而带来建设性的变化。

从弗洛伊德开始[4]，治疗师就认识到了，领悟只是改变的必要条件而非充分条件。治疗过程中，会不断有问题暴露，进而不断有领悟形成，后期的领悟有时会修正甚至推翻前期的领悟，单个的、小小的领悟不仅不足以带来有效的变化，而且还会让人看不到其他可能性。领悟通常是痛苦的，会让处于自平衡的现状发生扰动，而人倾向于抵制这些扰动，抵制的表现就是阻抗。阻抗十分顽强，我们已经在第 6 章见识过。只有消除了阻抗，才能让领悟转化成行动，进而带来变化。这就要一次又一次地获得领悟、一次又一次地尝试探索、一次又一次地认识阻抗、一次又一次地考虑其他可能性，循环往复，直到大彻大悟。改变的过程是痛苦的；它涉及放弃，失去一直珍视的东西。这个走出丧失之痛并改变内部表征世界（由幻想、信念、态度和价值观等组成）的过程，叫作修通。它堪比哀悼。只有放弃了某些东西，才能适应新的现实。

没有修通，就很难大彻大悟，进而很难发生有意义的、持久的变化。

我们继续用前面那个案例说明咨询师如何通过反复的对质、澄清和解释促进终极领悟。经过一段时间的治疗，芬顿认识到并非一切都好。又过了一段时间，他报告了他近期做过的一个梦，在梦中，一位女员工用崇拜的眼神看了他一眼。反思这个梦的时候，他开始讲述他在童年时期遇到的挫折。他主要抱怨的是，他得不到母亲的积极回应。不管他在学校表现得多么好，不管他在家里帮忙做多少事情，他的母亲总说他好高骛远、最后会跌得很惨。他获得成功后，他的母亲仍然没有表扬他。相反，母亲只会跟他说，最近又有公司破产的报道，很多迹象表明经济就要衰退。说这些话的时候，他的语气充满怨恨。这时，治疗师进行了内容解释，说他总想证明母亲是错的，于是自己创办公司，还做得很成功。然而，尽管很成功，但是他好像仍然非常害怕，认为灾难随时可能降临。治疗师大声地问，是否这些恐惧也是他连珠炮似的不断讲述自己的公司做得多么成功的原因之一。治疗师继续解释，说他的行为可以看作反向形成，是为了应对不安全感。治疗师问他，他在多大程度上一直在争取母亲从未给过他的赞美（他梦到女人用崇拜的眼神看他，似乎就是证据）。治疗师还指出，也许他把对母亲的恐惧移情给了妻子，妻子成了“泼冷水的”，不看好他做的大事情。他与治疗师的关系，也许同样如此。也许在他看来，治疗师也是一个“泼冷水的”，不为他的成功喝彩。治疗师不光不赞美他，而且用解释动摇他坚守的自我认识。也许他认为所有关系在根本上都有威胁性；他似乎总是处于防御状态，时刻准备着应对紧急情况。听了治疗师的解释后，他沉默了一会儿，然后说起一些无关的话题，比如他头天晚上看过的曲棍球比赛。

两周后，芬顿说他过了糟糕的一天。他说，他按照法律规定准备了财务报告，结果惊恐地发现，这个会计年度他的公司竟然亏损了。这是很大的打击，他一直以为他的公司非常成功。治疗师再次指出，他有一种防御需要，即相信“毋庸置疑”一切都好，他还有一种倾向，即通过改变话题来忽视令他不快的信息。治疗师进行阻抗解释时，把这些与他童年时期的挫折应对方式联系起来。痛苦的现实，否认总是比面对容易很多。这次，他没有改变话题。他说，他直到现在才认识到，他公司的管理控制系统有太多缺陷，他很少得到财务报告。实际上，他很快承认，即使经常得到财务报告，情况也不会好多少，因为他很少仔细看。他以前一直坚信，又会迎来一个丰收年。直到现在他才明白，他一直假装看不见不好的迹象。

几周后，芬顿告诉治疗师，他联系了一家管理咨询公司，目的很明确，那就是改进公司的管理控制系统。渐渐地，他不再做甩手掌柜，只出席一些仪式、庆典、会议之类的活动，而是越来越多地过问公司的运营情况，频繁地出现在公司。现在他看到了，他以前放弃了很多责任，结果让公司乱得离谱。他做总裁，一直对到处露脸更感兴趣，忽视了内部运营。认识到这些后，他检查各条产品线的盈利情况，发现很多产品的定价策略完全不合适。他还深入销售队伍了解情况，发现盈利之所以变差，很大程度上是因为那些让他变得非常受客户欢迎的多款“特价商品”。显而易见，他一直想获得客户的认可，以及母亲的认可。与此同时，他开始多与妻子讲工作中的烦恼。他现在远远不像以前那么担心妻子会厌烦他、批评他。相反，他发现妻子真的关心他。

从这个案例中，我们可以看出各种阻抗是如何抵制解释的。注意，芬顿花了很长时间才“修通”治疗师的各种解释，改变对自己、对他人、对世界的认识。毋庸置疑，盈利糟糕这个外部事件促进了“修通”；但是，要不是治疗师在一个提供支持、利于反思的氛围中反复进行解释，芬顿能否恰当地看待财务报告、为财务问题承担起责任，还是一个疑问呢。芬顿太容易把财务问题归咎到其他人或者环境身上。

顾问的角色与治疗师的角色大致相同。像治疗师一样，顾问与客户进行一场又一场对话，在这个过程中反复进行对质、澄清和解释。正如下面将要说明的那样，阻抗需要“修通”。这对咨询行业来说，意义重大。它意味着，传统的“快速解决方案（quick fix）”很不可能让组织发生有效的变化。

修通过程

有很多关于丧失和哀悼的临床文献和研究文献。人们会哀悼旧依恋关系的逝去，迎接新依恋关系的到来。鲍尔比

（Bowlby）在著名三部曲《依恋》（*Attachment*）、《分离》（*Seperation*）和《丧失》（*Loss*）中，整合了大部分与这个话题有关的文献。[5] 他特别感兴趣的是，人们怎么处理心爱之人的离世或者遗弃造成的丧失。鲍尔比把健康的哀悼定义为“一个人经过努力终于成功地接受一个事实：外部世界发生了变化，【因此】他需要相应地调整内部表征世界，或许还要相应地调整依恋行为”。[6] 通过文献综述，鲍尔比认为哀悼可以划分为四个阶段。他指出：

观察表明，一个人失去亲人之后通常要经历几个阶段。无可否认，阶段与阶段之间的界限并不明显，任何一个人都可能在不同阶段来回往复。

1. 震惊和麻木期：不相信亲人已经去世，持续时间通常为几个小时到一周，中途可能不时被极其强烈的悲伤以及/或者痛苦打断。

2. 渴念和寻找期：到处寻找亲人的踪迹，持续时间通常为几个月，有时为几年。

3. 解组和绝望期：对外部世界失去兴趣，也不关心未来。

4. 重组期：渐渐淡忘丧亲的事实。[7]

文献非常一致地认为，鲍尔比提出的这个阶段模型，尽管是针对丧亲的，但是也可用于其他形式的丧失。[8] 丧失必然引起哀悼。现状的扰动积累到可观的程度，旧的运行模式和关系模式被新的替代，丧失就出现了。因此，修通、哀悼和改变似乎有着密切联系。

组织背景下个人修通的经典例子是，经理人得知自己被解雇后的反应。为了说明这一点，下面讲讲我们在组织干预中碰到的一个案例。

亨利·瑟古德，一家大型广告公司的客户主任。一个星期五的早上，上司告诉他公司不再需要他的服务，让他去领取最后一个月的工资并拿走他在办公室的私人物品。他早就知道，公司在重组，重组的一个重要部分就是人事变革。尽管如此，得知自己被解雇，他还是十分震惊。他从来没有想过变革会影响到他。他回忆说，听到解雇一词，他觉得一阵晕眩，其他的词儿一个也没听进去。他甚至不记得他是怎么应答的。他只记得他最后到了附近的一个酒吧喝了几杯。在那里，他第一次体验到慌乱，烦恼怎么找工作。工作市场好像不是非常景气。他对那个周末的记忆也不是非常清楚，只记得他躺在床上看电视。

瑟古德说，星期一早上，他的第一反应就是起床上班，过了好一会儿才记起他失业了。这时，他开始问自己，为什么公司裁员会挑中他。其他人有被解雇的吗，还是他是唯一被解雇的？想到这些，他开始反思自己是不是做错了什么，努力回想自己曾经犯下的错误。他不停地做自我检讨。他回忆说，他特别想给一个与他有过几面之交的副总裁打电话要一个解释。事后，他认识到，他之所以想那么做，不过是希望那个副总裁告诉他一切是个噩梦，他还在为公司工作。后来，他突然想到，他被解雇，可能是新项目经理在使坏。在最近的一次设计会议上，他批评过新项目经理领导无方，这可能让新项目经理怀恨在心。于是，他想，如果把这一切解释给那个副总裁，形势就会变得对他有利。他还提到，他觉得很难过、很无助。

接下来的几天，他给公司几个相熟的同事打电话，这些同事对他表示了同情。他还找朋友聊天，这些朋友也对他表示了同情。让他记忆犹新的是，他当时非常愤怒。似乎其他人的日子过得都比他轻松很多。他还觉得，同事和朋友对他的同情，大都非常空洞。他记得，一个朋友建议他向职业生涯咨询师求助，他大发雷霆。几天后，他向那个朋友道歉，两个人花了很长时间探讨他被解雇的原因。他觉得，这次探讨对他非常有帮助，尽管其中有令他不快的地方。

那个朋友说，他经常不把公司的规定当回事，也许因此惹恼了其他经理人。那个朋友还提到，他有时做事太伤人，这也让人不喜欢他。他以前听过别人对他说过类似的话，不过左耳进右耳出。然而，这次情况不同。他被解雇了，终于听得进这些话了。回顾往事，他说自己能够走出颓废状态，多亏了朋友的开解。

与朋友谈过之后，他觉得有找工作的动力了。他开始关注报纸上的招聘广告，同时联系了一个生涯咨询服务机构和一个新职介绍机构。他还联系了一个治疗师，每周见治疗师一次。回顾那段时期，他记得自己十分困惑，克服了很多困难才改变对自己的认识。他与治疗师的会面，有几次非常令他不安，因为在这几次会面中，治疗师让他看到他当时非常不想在自己身上看到的东西。那是一段集中探索自我的时期。

他记得，他的困惑影响了他找工作。有时，他不知道在面试中应该如何表现。他说，每当本来很有希望录用他的公司没有给他电话，或者每当面试人员给的答复含含糊糊，他是多么绝望。这个时候，他问自己，有没有人真的看重他以前的成绩。他怀疑自己是否真的有拿得出手的东西。

然而，回顾往事，他觉得，这个时期，他成长了很多。他更了解自己了，也知道考虑别人的感受了。他说，渐渐地，他不再狂妄自大，也不再妄自菲薄，而是能够客观地看待自己的优点和缺点。他认识到，被解雇没什么大不了。与此同时，工作市场也开始出现令他心动的机会。离职四个月后，他进入了现在的公司，自那以后就非常成功。

再举一个组织背景下的部门修通案例，这个案例也是我们在组织干预中碰到的。一家大型消费品公司通知其业务副总裁，为了加强销售、营销和业务的协调与互补，业务部以后不再向总裁汇报，而是向营销高级副总裁汇报。至于副总裁个人怎么处理这个丧失的，我们缺少信息，几乎没有什么可说。然而，那段时期，有一次拜访他们公司时，我们注意到，业务部的人体验到了深深的困惑感。这个困惑感表现在很多方面，但是主要与对未来的不确定感有关，不知道以后的权力分配、汇报关系和任务职责是什么样的，也不知道一些俗务（比如，停车位置、办公地点）是怎么安排的。这段时期，业务部的生产率急剧下降。没有承接或启动任何新项目。办事拖拉，对其他部门或者现场人员的要求不予回应。

而且，业务部的人开始生出强烈的敌意，直接指向营销部的人，表现为公开挑衅、恶意捉弄、暗中破坏，还以恶意揣度营销部的人。

渐渐地，业务部的很多人认为，对业务部不利的这次重组，就是“爱出风头的”营销副总裁即现在的高级营销副总裁搞出来的。于是，他们拒绝合作。他们不愿承担责任，把所有业务错误推到销售部和营销部的头上。他们还把大量工作时间花在公司之外的地方，比如，打着去现场踩点的幌子在外面闲逛，磨磨蹭蹭地吃午饭。

他们还表现出我们在第 3 章讨论依赖文化时所说的“黏附行为”。作为顾问的我们，走进销售部的办公室后就很难离开，他们不放我们走，好像跟我们有说不完的话。他们坚持问：“你认为，为什么会重组？”他们不明白，他们做了什么才招致这样的对待。他们的言下之意是，希望我们向总裁宣扬他们的观点，让他们回到过去。

几个月后，我们再次拜访他们公司，发现了很大的变化。现在，业务部和营销部已经有了一些合作，两个部门的人关系非常好，经常在公司餐厅一起吃午饭，而且，业务部的人不再用午餐消磨时间。与业务副总裁谈过后，我们发现，他的愤恨减轻了很多。他变外向了，不再那么回避人际交往。在我们的帮助下，营销部、销售部和业务部分别抽调了一些人，成立了一个专门小组。新成立的专门小组，提议成立产品管理委员会。业务部的人尽管有些犹豫，但是大都支持这一提议，连业务副总裁都表现出了一些热情。他认识到了，这样的委员会成立后，他就有更多时间投入到他最喜爱的设计和研发上。重组 5 个月后，我们再次拜访时发现，业务部已经完全步入正轨，随时准备迎接新挑战。

从以上两个案例可以看出，修通过程会出现哪些情绪、涉及哪些阶段。组织成员应对组织变革的方式，与个人应对丧亲的方式，似乎存在很多类似之处。我们现在给出一个概念框架，描述哀悼/修通的各个阶段，介绍它们对组织生活有何影响。[9]

正如我们在两个案例中看到的那样，对扰动的第一反应是，震惊（shock）。不愿接受新信息，特别是有损自尊的信息。经常出现短期的麻木，中途不时被恐慌或愤怒打断。[10]这些反应在两个案例中都可以明显地看到。在这个震惊阶段，组织成员特别关注变革对自己职位造成的威胁。他们体验到的震惊，会对组织造成很多后果。正如我们在业务部案例中看到的那样，困惑感可能传遍组织，造成混乱状态。重要的活动可能停止，或者只是机械刻板地进行。

然而，正如两个案例说明的那样，这种状况通常不会持续多久。行为会发生变化。尽管偶尔意识到现实，但是绝大部分时间强烈地需要认为所发生的一切都不是真的，这些反映在瑟古德案例中，就是他想打电话给副总裁让他重新回到公司，反映在业务部案例中，就是他们相信顾问可以让总裁恢复以前的汇报关系。这个第二阶段的主要反应是不信（disbelief），渴念并寻找所丧失的东西。[11]与此同时，非常沮丧，为什么偏偏是自己。之后，愤怒和自责交替出现。责怪自己的小错误、小疏忽，认为可能是这些错误或疏忽造成了自己的困境。比如，瑟古德怀疑自己在公司的业绩，业务部坚持要求顾问弄清汇报关系改变的原因。所有这些情绪都伴有悲伤。

在不信阶段，经常可以看到第2章探讨过的战/逃文化和依赖文化。战，具体表现为迁怒。瑟古德把愤怒指向新的项目经理，业务部把愤怒指向其他部门，特别是营销部。他们的愤怒十有八九是迁怒，也就是指向与造成他们的困境一点关系都没有的人，甚至指向想帮助他们脱离困境的人。瑟古德在朋友提出建议后大发雷霆，就是一个例子。逃，具体表现为退缩，比如，远离办公室。依赖需要也有表现。强烈渴望回到从前，即地位高、权力大、受尊重、有保障的美好日子。寻找无所不能的领导者，期望他把一切纠正回去。这个无所不能的领导者，在瑟古德案例中是副总裁，在业务部案例中是顾问或总裁。在组织中，依赖表现为被动，很少自发地、主动地做事情。所有精力似乎都浪费在内部斗争上，或者指责负责变革的外部机构。业务部对公司其他部门的要求不予回应，就是一个例子。

第三阶段的最明显特征是，抛弃（discard）旧的思考、感受和行为模式。[12]在这个阶段，开始接受再也不能回到过去的事实。渐渐明白，需要重新定义形势，于是首次初步探索现实、做出调整。这个阶段，主要是自查和解组。不过也伴有绝望感，为失去曾经珍视的东西而绝望。绝望就会逃避，而且不时变得抑郁、冷漠。瑟古德为自己到底是个什么样的人而困惑，为进一步了解自己而努力，为第一次面试和自身适应能力而绝望，很好地说明了这个阶段会发生什么。业务部的人消除猜疑，首次与营销部的人合作，加入专门小组，也很好地说明了这个阶段会发生什么。业务副总裁首次尝试重新评估自己的优缺点，也很好地说明了这个阶段会发生什么。

最后一个阶段是实现（realization）——重新定义自我、定义形势。[13]调整内部表征世界，接受新的价值观、信念和思想。心胸变大，眼界放宽。前面几个阶段都把焦点放在过去，这个阶段则把焦点放在未来。瑟古德认识到了，自己有拿得出手的地方，未来有很多好机会。业务部也是类似的，他们开始看到合作对彼此的好处，特别是通过产品管理委员会合作。连业务副总裁都认识到了，如果把精力集中在设计和研发上，他的有效性会提高很多。

表 7 总结了修通的不同阶段。

表 7　修通的阶段

阶段	表现	
	个人	组织
1. 震惊	麻木，中途被阵阵恐慌和愤怒打断	混乱，重要活动停止或者刻板化
2. 不信	渴念并寻求所丧失的；否认现实；愤怒、自责、悲伤	战/逃行为和依赖行为；消极被动；缅怀过去

（续表）

阶段	表现	
	个人	组织
3. 抛弃	抛弃旧的思考、感受、行为模式；重新定义自我；自查，解组，绝望	接受新形势；偶尔表现出逃避行为；重新定义形势；初步探索
4. 实现	重塑内部表征世界；接受新现实	重组；积极主动；面向未来

修而不通

走完这四个阶段，就会在内部表征世界和外部现实世界实现某种形式的重组，为改变创造条件。然而，在某些情况下，修通不是很顺利，可能出现阻断（arrest），也就是在某个阶段卡住了，造成各种痛苦的不良症状。有的可以自动走完四个阶段，有的需要外界帮助才能走完四个阶段，有的即使在外界帮助下也走不完四个阶段。修而不通时，防御持续不退，完全主导组织的运行。[14]经理人也许否认新形势，执着于过去。他们像往常一样工作，就像什么事都没发生一样，这当然会造成很多不良后果。或者，他们觉得地位降低了，不再受人尊重了，结果经常表现出攻击行为和防御行为。组织背景下，常用的防御机制有转移（displacement）和隔离（isolation）。所谓转移是指，因为不能直接表达对某个对象的某种感受而把这种感受针对另外一对象表达出来。所谓隔离是指，因为感受太过痛苦而把感受与观念分开。隔离会造成压抑和分裂。

正如前面一章介绍过的那样，所谓压抑是指，把不可接受的念头或冲动赶出意识层面。例如，某经理人一再忘记提交某份令自己不舒服的报告或者做出某个令自己不舒服的决定，可能就是在压抑。分裂，把世界划分为朋友、敌人两大阵营，把谁归为敌人，就对谁恶意相向。第 3 章讨论过，分裂会造成偏执的世界观，即认为世道艰难、人心险恶。

有时，陷入困境的个人或群体不把愤怒指向别人，而是指向自己。他或他们会不断因为一点儿小错谴责自己，同时还容易犯错、极其无助、非常被动。

在某些修而不通案例中，可以观察到“独行侠综合征（Lone Ranger syndrome）”——表现得就像不需要别人似的。这可以看成一种保护反应，它源自根深蒂固的想要被人照顾的愿望。既然好像没人能指望，那就完全靠自己。独行侠向每个人证明，他不依赖别人也完全能活得很好。这个模式还有一个变式，即用主动、独立姿态对抗无助感（之所以无助，也许是因为觉得地位丧失了）。

很多防御可能同时出现，阻断修通。再举一个我们在咨询中碰到的“独行侠”案例。某公司决定不让原定总裁接班人销售副总裁接任总裁职位。得知这一决定，本来就相对独立的销售部变得更加脱离组织。他们变得越来越偏执，不再把外面的竞争对手当作敌人，而是把公司其他所有部门当作敌人。渐渐地，销售部的文化呈现出战/逃特点。在销售会议上，他们把销售计划进展不顺利归咎给“其他部门”，很少在自己身上找原因。他们指责财务部拖延他们的报销、对客户信用“吹毛求疵”。但是，与他们对营销部的指责相比，这些就是小巫见大巫。不管营销方案做得多么周详，销售副总裁都会千方百计从中挑错。我们出席过该公司的会议，为销售副总裁恶意攻击营销方案的样子大感惊讶。这些让工作氛围变得特别不好。营销部索要客户资料，销售部要么置之不理，要么拖拖拉拉，最后给了，也是不准确的、不全面的。他们还攻击其他部门，连生产部都不放过。他们的态度是，“既然谁都指望不了，那就必须只靠自己”。

这种内部斗争愈演愈烈，造成销量和利润下滑。最后，不良氛围的始作俑者销售副总裁被解雇，新来的人力资源总监付出了巨大努力才终结销售部与其他部门的僵局。

在这个修而不通案例中，销售副总裁的失望传遍了销售部，让销售部一直有否认、分裂、偏执、转移、压抑和“独行侠综合征”的表现。然而，我们应该记住的是，所有这些表现，也会出现在成功变革的过程中。它们只有在持久不消退时才是病态的。

我们以心理治疗和管理咨询中碰到的案例为例，试着说明了管理者很难认识到变革的必要性以及他们为什么认识不到变革的必要性。“痛”则思变。我们也试着说明了，治疗师/顾问要付出很多努力才能帮助来访者/客户实现修通（当然，来访者/客户也要付出很多努力）。这个过程可能非常耗时间、非常纠结、非常吃力不讨好。考察“客观”问题、提出“明智”建议，对顾问来说要容易得多。但是这种简化做法治标不治本。症状的缓解，都是暂时的。建议还可能遭到很多人的坚决抵制。要想有效地实施变革，唯一方法就是：说服经理人相信变革的必要性；向他们证明，解决方案尽管在实施过程中会引起痛苦，但是最终会让组织以及组织中的人变得更好；帮助他们获得领悟、修通阻抗，转变对自己、对他人的看法。

第 8 章　诊断、治疗和预防

看到表面以下：不要放过任何本质特征和内在价值。

——马可·奥勒留（《沉思录》）

到目前为止，我们对组织动力学的分析，描述性成分多、规范性成分少。那个烦人的问题依然存在：我们可以做些什么来对抗组织神经质？我们可以采取什么步骤来解决组织问题？

当然，现阶段，本书作者不可能提供任何最终答案，只能提供一些初步建议。

在提建议之前，最好回顾一下前面讨论有着心理动力学根源的组织问题时得到的结论。第一，很多问题有着深层根源，这些深层根源不认真分析就根本看不出来。所以，采取行动前，必须做诊断。第二，问题的根源经常在于高级经理人的神经质风格。由定义可知，人格是稳定的、抵制改变的。神经质经理人，感知扭曲，防御心强，很难获得领悟，进而很难实现改变。第三，当组织的权力集中在神经质经理人手中，顾问与客户之间就可能出现持久的僵局。神经质经理人太过敏感，觉得顾问对自己是一种威胁、一种折磨，只想摆脱掉。这样的经理人，即使想改变，也很难改变，在治疗过程中出现的阻抗让大部分顾问难以招架。最后，我们讨论的问题，很多会被“社会协同（social synergy）”、“群体思维（groupthink）”或者“二人疯（folie a deux）”助长并传播，也就是，被组织的社会系统纳入、放大并保持。例如，群体围绕容易激起情绪反应的议题形成共有幻想，结果成员变得非常顺从。因为群体压力的存在，即使仍然有些比较实事求是的成员，他们也发挥不了多少影响力，甚至因为不从众而受制裁。类似地，在不良上下级关系中，握有权力的上司对下属有绝对的影响力，下属先是迫于无奈，最后是心甘情愿地表演上司的幻想，与上司一起“发疯”。

总结一下。可以说，我们讨论的问题因为四个特点变得特别棘手：第一，根源很深，因此难以诊断；第二，由经理人的性格特征引起，这些性格特征不仅抵制改变，而且妨碍经理人认识到改变的必要性；第三，围绕的是敏感议题，容易激起强烈的情绪反应，顾问如果太过积极地探究这些议题，或者在层级太高的经理人身上探究这些议题，最后可能会失去客户；第四，会被组织的社会系统放大。

考虑到所有这些因素，我们要给那些致力于打造健康组织的人提一些关键但笼统的建议。第一，必须进行系统的诊断，厘清各个症状和问题之间的因果关系，找出问题的根源。只有这样才有可能找到最好的入手点，事半功倍地克服感知阻力、政治阻力和社会阻力，打破恶性循环。第二，必须让关键组织成员从内到外发生变化，而不是仅仅在行为上发生变化。仅仅引入信息管理系统，是不会让神经质风格不见的；仅仅采用目标管理，是不会让不良互动模式消失的。需要特别强调改变关键的人——改变他们的世界观（对自我、对他人、对世界的认识）和行为模式，如果有必要，改变他们的职位。第三，这一点也许最重要，那就是重在预防。因为问题一旦发展成熟就很难处理，所以无疑应该防患未然或者把问题消灭在萌芽状态。

本章分为三个部分，每部分详细讨论一条建议。

干预前四步

分析复杂的组织问题、群体问题或者人际问题，要分四步走。第一步，根据可以搜集到的信息，初步列出首要症状和问题。第二步，构造问题“模型”，即厘清各个症状和问题之间的因果关系，推断问题的根源。第三步，产生数个可供选择的解决方案，加以比较、讨论。第四步，制订实施计划。

1. 初步列出首要症状和问题。首要症状和问题就是最明显的困难。对整个组织来说，首要症状和问题可能包括市场份额下滑、利润率下降、士气低落、缺勤罢工、技术落伍、产品质量不好、成本迅速上升，甚至还包括群体内部或者人际完全没有冲突或者存在过多冲突之类的问题。

最好依次列出每个职能领域的症状和问题。这个系统的做法，可以确保比较全面地列出问题最重要的表现。

2. 厘清各个症状和问题之间的因果关系，推断问题的根源。这个分析阶段的目标应该是，把清单上的症状和问题与各自背后的原因联系起来，最终找出心理动力学源头。如果背后原因依然存在，那么缓解症状就相对没什么用，因为这种情况下的缓解只是暂时的。为了永久地解决问题，有必要建构一个症状“模型”，找出问题的根本原因。根源也许包括几个相对独立的成分，必须分别加以处理。不过，十有八九，根源是一组联系紧密、主题相关的基本困难。只有确认出根源，诊断才算完成。

症状和问题的唯一区别是，后者引起了前者。因为同一现象经常是甲现象的症状、乙现象的问题，所以各个症状和问题可以相互连接成一条或者几条因果链。然而，症状和问题在本质上还是多少有些不同的。利润降低、销量下滑、市场份额减少之类现象，总是症状。权力分配不当、极其规避风险、战略模糊或僵化、信息流不通畅，往往是症状背后的问题。最后，神经质经理人、不良群体幻想或者有不良互动模式，也许是问题背后的根源。这些才是最终要解决的。

表8右边列出了我们经常在组织中见到的问题。它们往往与表格左边列出的根源有着密切的联系。强调两点：本表只列举了部分，并没有穷尽所有；问题与根源之间只是可能存在相关关系，并非肯定存在因果关系。

表 8　组织常见的问题及其可能的根源

可能的根源	常见的问题
抑郁型组织：领导真空 偏执型组织：敏感多疑 表演型组织：过度集权 镜像移情：贪功冒进 束缚模式：没有授权	**权力分配不恰当** 职责与权力不相称；掌握最多信息的，没有决策权；有决策权的，要关心的事情太多，无法做好决策；高层管理者很少行使权力，控制出现问题
表演型组织：过度冒险 抑郁型组织：过度保守 镜像移情：贪功冒进	**风险态度不恰当** 相对于市场要求，太冒险、创新太多，或者，太保守、创新太少；过度冒险、过多创新，往往导致资源枯竭、成本高昂；过度保守、创新过少，往往导致产品过时、技术落伍
表演型组织：控制不足，过度集权 抑郁型组织：僵化 乌托邦文化：随意	**组织结构不恰当** 太放任或太官僚，太灵活或太僵化，太随意或太正式，太统一或太分裂，太集权或太分权
强迫型组织：僵化、眼界窄 抑郁型组织：战略模糊 乌托邦文化：战略模糊	**战略太模糊或太僵化** 只考虑很少几个因素；太粗略，不能起引导作用，或者太死板，不留适应余地
偏执型组织：不公布信息 战/逃文化：四分五裂、过分保密 被害移情：过分保密	**信息流不畅通** 不同层级的管理者不能进行必要的沟通；财务控制和行政控制太松或者太严；不收集有关环境的信息，或者收集了，但不公布

（续表）

可能的根源	常见的问题
不良上下级互动：下属没有能力独立行动	**经理人技能欠缺** 很多事情被忽视（例如，新产品开发，资本预算），因为缺少具有相应技能的经理人去把这些事情做好

可以构造一个如下章图 2 所示的那种模型。构造模型的过程，其实就是厘清各个症状和问题之间因果联系的过程；这个过程进行到最后，甚至可以找出各个症状和问题的共同根源。例如，诊断组织范围内的问题，可以从明显的表面症状开始，例如，从产品滞销开始，问问这个症状为什么出现。清单上的其他条目也许提供了线索，例如，广告策略、销售策略太差，忽视市场，延迟交货，也许是最直接的原因。我们必须认真分析，确保推断有理有据。我们还必须问问自己是否忽略了某些也许有关的因素。我们可以用箭头表示症状与问题之间假设的因果关系，就像下章图 2 一样。

这个过程要持续到我们用类似方式找到清单上所有症状的最终原因。当所有症状的最终原因几乎都集中在很少几个核心主题上，也就是，当很少几个基本原因几乎解释了所有症状和问题，我们往往就找到了根源。在这个阶段，顾问必须决定是否要引入临床心理学家，让临床心理学家决定问题的根源是否是心理动力学方面的。然后可以通过面谈、讨论和进一步的心理探索来查找根源，直到得到像下章表 9 一样的结果。当然，情况比较复杂时，往往可以构造出不止一个模型。甚至，多构造几个模型，对问题本质的了解可能就更全面。

值得强调的一点是，很多组织问题的最终原因也许就是无知，即关键决策者不了解业务，而不是什么深层的心理因素。所以，重要的是，先尝试着用简单的方案解决客观的问题。只有简单的方案没有效果时，才有必要评估是否有深层的心理因素在背后起作用。

3. 提出几个解决方案，从中选择看似最有利于解决症状根源的那个。应该提出几个解决方案供人选择。提出、评价方案，需要运用创造力；而运用创造力提出、评价方案，就会对各条可能的治疗途径有更深入、更全面的理解。每个方案都应该是相对完整的，也就是，应该抓住症状最根本的原因、能够除去所有现实障碍、促成康复。而且，不同方案应该尽可能不一样。顾问和管理者应该充分讨论这些方案。客户的反应，会在很大程度上暴露他们内心的主要恐惧和抱负，因此不仅可以用来提高方案的质量，而且可以用来改进问题参数的定义。重构问题背景，也许有助于淘汰不好的方案。

应该参照以下标准评价方案的吸引力：

- 完整性。方案能否根除所有关键症状？列出每个方案不能根除的关键症状，互相比较一下，看看哪个方案欠缺得最严重。
- 副作用。方案会引起什么不良后果吗？也就是，会不会治好了现在的症状又引发新的症状？方案的不良后果可以预见吗，还是非常不确定？

• 经济性。哪个方案最省钱？方案要求的资源，组织都有吗？方案是否立足于组织的现有优势？

• 深入度。方案深入问题根源吗，还是仅仅处理症状？仅用比较浅显的方案能解决组织的问题吗？

• 时间性。方案见效够快吗，还是太过复杂，会引起拖延，最后妨碍到组织的生存？

• 政治可行性。能否获得足够比例员工和管理者的支持来实施方案？

很难兼顾所有这些标准选择一个最佳方案，因为每条标准的重要性取决于组织的性质和问题的性质。例如，资源奇缺、濒临破产的组织，必须选择既经济又能很快见效果的权宜方案。财力雄厚、错综复杂的官僚组织，则需要一个能够得到很多人支持且能根除绝大部分症状的方案。不管什么情况，总是要考虑方案的可行性。

4. 制订实施计划。实施计划应该十分具体，清楚地指出为什么、何时、由谁、如何实现什么变化。具体目标、成本收益、实施方式，不能存在任何疑问。

制订实施计划时，要考虑清楚如何说服相关人员接受治疗方案。必须说服哪些人、最好按照什么顺序依次接触他们、应该用什么理由说服他们，这些都必须写进实施计划。

时间安排上，最严重、最紧急的问题最先处理，让组织迅速“止血”。能够解决深层问题但实施成本较高的措施，必须推迟到组织积累了充足的资源之后再实施。不管哪种情况，都要认真选择干预时机，避免介入过早或过晚。

实施计划应该留下机动余地，这样遇到了意外阻碍才好有时间处理，出现了副作用才好有时间纠正。组织是复杂的，组织面临的挑战也是复杂的，方案的弱点有时很难预见。因此，计划必须具有一定的灵活性，在执行过程中才能根据需要加以调整。

组织及其所处环境是不断变化的。因此，在实施方案的过程中，要定期进行评价，以确保方案始终是合适的、有用的。方案在实施过程中，会渐渐积累一些意想不到的副效应，定期评价还有助于发现这些副效应。

以人为中心

我们在上部分介绍的分析框架，与传统的组织学者介绍的分析框架没有很大的不同。我们框架的独特之处在于，把焦点明确地放在症状、问题和根源的相互联系上，追求诊断的深度、处方的灵活性和涵盖面。但是，我们的框架在内容上有什么独特之处呢？我们具体使用什么工具来处理这些深层的心理问题及其效应呢？本部分要回答这个问题，并把重点放在治疗上。下部分要继续回答这个问题，不过重点放在预防上。

我们认为，把“理性”技术生硬地移植给组织，往往不能解决由经理人根深蒂固的性格特征引起的组织问题。正如我们前面暗示过的那样，偏执的经理人不会仅仅因为给他一个更好的信息系统就变得不那么偏执，乌托邦型群体不会仅仅因为让他们把目标具体化就停止乌托邦式幻想。“理性的解决方案”只在“理性的人”身上起作用。如果防御机制活跃、移情模式强烈、神经质风格明显，那么本章开头讨论的感知阻力、政治阻力和社会阻力就足以让传统形式的组织干预难以进行下去。那么，要如何解决由经理人根深蒂固的性格特征引起的组织问题呢？

答案是，解决方案必须以人为中心。这里的人具体是指始作俑者，也就是说，其行为、人格、内心幻想是问题的根源所在。现在，我们要假定，顾问已经找到了问题的心理动力学根源。我们还要假定，事实已经证明，快速解决方案（比如，调整战略、改进信息系统、改进评价与奖赏制度或者调整组织结构）不能解决这些问题。

解决有着心理动力学根源的问题，有两个“人本”策略可用。第一个，改变人；第二个，换个人。我们会在下章的案例中看到，组织中长期存在的不良互动模式，是成功变革的最大阻碍。因此，要成功地实施变革，必须解决好人的问题。解决人的问题，第一个途径就是改变人。不过，连长期的精神分析治疗或者其他心理治疗都不一定能成功地改变人，何况这些精细复杂的治疗大部分组织都用不起，即使用得起，如果需要改变的人位高权重，那么他们的强烈阻抗也会让治疗很难进行下去。这种情况下，组织治疗就不能像个体治疗那样直接改变人，而是要改变人的工作环境。例如，可以把有问题的经理人调到不大可能激发其问题的职位上，或者调到能把其问题的影响降至最小的职位上。问题太过严重的经理人，最好安排提早退休甚至解雇。降职通常没有用，它往往会加剧个人的问题，不过是把困难往下转移。这些措施，虽然短期成本高、会遭遇政治阻力、会引起痛苦和暂时的迷茫，但是有时不得不使用。限制少数几个关键人物的破坏力，整个组织都会受益。而且，长远来看，那少数几个关键人物本人也会受益，因为最初的愤怒过后，他们不得不解决自己的问题。

不过，通常没有必要采取这么激烈的措施。神经质风格、不良群体幻想、不良互动模式，有时可以通过使用数个不同类型的治疗分别加以克服（我们稍后会介绍这些不同类型的治疗）。不管是哪种情况，都需要诊断问题的根源，并渐渐让客户意识到这些根源。

组织背景下的治疗与临床背景下的治疗有相通之处。两者都需要客户或者来访者有与顾问或者治疗师建立工作联盟（working alliance）最基本的能力，也就是，双方必须有能力为共同目标密切合作。对客户或来访者而言，仅仅认识到合作的好处是不够的，还必须有一定的基本信任，有最起码的挫折承受能力，有足够的现实检验意识，还要有安全的自我感。[1] 只有建立了良好的工作联盟，顾问或治疗师才能在明知容易引起客户或来访者焦虑的情况下进行治疗，促进改变。客户或者来访者在治疗过程中经常出现消极移情反应，生出愤怒、敌意或怀疑等情绪，但是仍然坚持下去，这主要归功于积极的工作联盟。没有工作联盟，大多数治疗都会失败。幸运的是，在大部分情况下，公司之所以引入顾问，是因为正在体验“痛苦”，这个痛苦最经常地表现为财务绩效不佳。痛苦是寻求帮助的主要催化剂，是做出改变的主要动力源（当然，有种危险总是存在着，那就是，刚刚取得一点进展，减轻一些“痛苦”，客户就迅速“用健康逃避”。客户也许会只为回避进一步改变的痛苦而说一切都好）。

我们可以从不同角度对治疗粗略地分类，比如，划分为启迪性（insight-oriented）治疗和支持性（supportive）治疗。启迪型治疗的焦点是，厘清隐秘的心理力量，澄清感受和行为的根源，促进新认识的形成。目标是，获得通常所说的“啊哈”体验，具体来说就是，来访者/客户意识到自己竟然有这样的行为，或者意识到这样的行为原来这么不恰当，或者意识到根源原来在这里。结果是，洞察行为模式的认知和情绪本质。在启迪性治疗中，应该使用第 7 章讨论的对质、澄清、解释和修通技术来揭示阻抗和移情模式。目的是，解决冲突、缓解症状、促进适应。

对比之下，支持性治疗反而加强来访者或客户的防御，帮助来访者/客户压抑、控制烦人的想法和感受。它使用的技术有，安慰、建议、鼓舞、说服和操纵。与精神分析治疗不一样，支持性治疗把焦点放在现在的困难上，避免探究过去或者无意识。支持性治疗的局限在治疗目标上，不在疗效的持续时间上。[2]

有种短期支持性治疗也许对顾问特别有吸引力。这种治疗经常被人称作“悖论干预（paradoxical intervention）”或者“策略心理治疗（strategic psychotherapy）”。[3] 焦点是重构问题，目标是打破人际关系中的恶性循环。例如，碰到一位患有恐惧症的来访者，治疗师先不急着想办法消除症状，反而与他讨论治好之后他会失去哪些好处，以期暴露症状背后的无意识原因。治疗师甚至跟他说治好的机会非常小，以期激发他的逆反心理，让他主动往好的方向改变。

一般而言，支持性治疗的目标是恢复一个良性自平衡状态——也就是，修复并加固防御结构，把退化的可能性降到最小，减轻对新情境的焦虑和恐惧。重点是让来访者/客户回到比较可接受的机能状态。为了实现这个目标，顾问要显得通情达理、亲切友好，以满足客户的某些依赖需要。然而，最终目标是，帮助客户变得更加独立，增强客户的安全感，让客户觉得自己更为人接受，减轻客户的焦虑，帮助客户抛弃不良行为模式。这样，在威胁面前，客户就不再那么脆弱。

启迪性治疗和支持性治疗有区别，也有相通之处。我们可以把它们视作同一维度上的两极，前者适用于来访者/客户挫折承受能力非常高的情况，后者适用于来访者/客户挫折承受能力非常低的情况。顾问应该首先评价客户的挫折承受能力，然后根据评价结果制订干预方案。干预方案可能从支持性治疗开始，等客户的挫折承受能力增强到一定的水平后转向启迪性治疗。有时，客户也许太脆弱，一直不能进行启迪性治疗。

我们也可以把治疗分成一对一（one-to-one）治疗和团体

（group）治疗两大类。一对一治疗，一个治疗师/顾问对一个人实施治疗。团体治疗，一个或一个以上治疗师/顾问同时对很多人实施治疗。再次，这个分类也不是非此即彼。在典型的咨询背景下，我们往往把两类治疗结合起来使用，什么时候具体使用哪一个，取决于那个时候的目标。团体治疗能说明人际互动的性质，因此有利于客户理解人际互动的关键不良之处。在一对一治疗阶段，可以深入探索团体治疗阶段暴露的东西，然后加以修通。

团体治疗，形式多种多样。不同形式的团体治疗，团体成员（即来访者/客户）的数目和团体领导（即治疗师或顾问）的角色是不一样的。团体领导的角色，有的非常主动，有的非常被动。主动的团体领导，把解决问题的责任揽在自己肩上，以减轻团体的焦虑。但是这样做，他也许会对团体成员产生过高的期望（正如我们在第 2、3 章看到的那样）。如果他扮演父亲般的角色，他也许还会引起移情问题；来访者/客户也许变得太过依赖他，抑制了自己的主动性。对比之下，所谓的被动的团体领导，并不给予指导，而是把互动的责任交给团体成员。他把重点放在做解释而不是提建议上。这个形式的团体治疗可能会引起过度焦虑，特别是，依赖需要得不到满足的团体成员可能会反抗团体领导。

治疗也可以根据深度分类。深度是指，治疗师/顾问做解释时会“深入”到什么地步。例如，顾问在进行组织治疗时，要不要指出组织成员的阻抗，要不要揭示组织成员的人格，要不要暴露隐秘的内心冲突？决定治疗深度时，也有必要先评价来访者/客户承受痛苦的能力。这会决定治疗师/顾问应该揭露多少东西。有些问题最好一对一地处理，特别是在团体背景下有可能诱发羞耻和内疚的问题，或者是可能暴露内心脆弱的问题。

通常，组织治疗师（或者受过临床训练的顾问）会遵循以下路线：

1. 对各方进行一对一访谈，以准确地了解组织运行不良的性质和根源。

2. 评价问题的严重性，以及运用比较经济的短期治疗、悖论干预、团体治疗或者调职换人的可能性。

3. 形成诊断和预后（指医生对疾病结果的预测）之后，必须努力把处方推销给负责人。这个时候就要看顾问机不机智、灵不灵活，特别是涉及高层管理者的情况下。往往还有必要在治疗有效性和政治可行性之间权衡。必须把推销处方视作干预项目的必要部分。

4. 直到现在干预才真正开始。最重要的是，在考虑了问题的性质这个大前提下，根据问题的参数为干预对象量身定做干预方案。根据时间、资源和人格，在支持性治疗（包括悖论干预）与启迪性治疗之间选一个。正如前面指出过的那样，可以从支持性治疗入手，后面再看要不要转向启迪性治疗。还要考虑，个体治疗是否应该结合某种形式的团体治疗。在大部分情况下，个体治疗和团体治疗最好并发进行。对不良群体幻想或者移情问题来说，团体治疗就够了。对与生涯周期有关的问题来说，应该选择个体治疗。当然，如果公司面临的问题非常紧迫，那就先“救急”吧，而不是搞什么心理治疗。如果问题集中在一个忙得脱不开身的位高权重的经理人身上，那么非常耗时的心理治疗就是不现实的。

预防性维护

最重要的建议，我们留到最后提。有着心理动力学根源的问题是如此难以解决，因此，最明智的做法显然是提早预防。预防方式有好几种。

进行心理筛查　决定关键管理者招聘或晋升的因素有很多，比如，能力、手段、势力和关系，等等。然而，我们非常忽视候选人的性格。当然，也不是完全忽视。根据表面印象判断候选人的性格并以此作为用人决策的关键依据，是常见的事情。但是，很少有人用临床方式系统地研究人格。不过，现在的面试技术越来越好，有些技术应用了心理学知识，可以用来揭示在组织背景下容易导致人际问题以及其他问题的神经质倾向和不良防御倾向。很多心理健康专业机构提供这种面试服务。关键管理者的心理健康会对整个组织造成至关重要的影响，因此不该碰运气。管理者的专业能力，可以由业界其他管理者来评判。但是，管理者的心理健康（所有压力大的职位都对心理健康有要求），只能由精通面试技术的专业人士来评价。把这一点铭记在心，才会做出好的用人决策。

我们必须强调的是，心理健康深度评价应该只用于最重要的用人决策。另外，必须把保密工作当作重中之重，杜绝信息外泄。如果怀疑评价的准确性，那就最好请其他机构或顾问再评价一次。

员工的晋升和调职，即使是较低层级的，最好也引入职业发展顾问或者组织心理学家进行测评，以防上下级性格严重不匹配。例如，想想把一个依赖型员工派给一个驱逐型上司会发生什么事。在比较小的组织，不做测评不会引起什么问题，因为高层经理人非常了解大多数关键管理者的性格。然而，在大型组织，制订关键用人决策时，最好征询专业测评人员的意见。显而易见，必须特别当心人事部变成“独裁老大哥（Big Brother）”——把所有攸关员工前途的信息都掌握在自己手中。这里也可以借用外部顾问，他们能让用人决策尽可能去政治化。

进行文化审计　我们在第 2 章看到过群体幻想是如何让部门/组织脱离实际的。这样的幻想，最好尽早识别出来。最有效的办法是，让外部人员评价部门/组织的迷思、文化和信念。评价过程中，需要问到的问题有：部门/组织成员对环境、使命、问题和战略的看法是不是过于一致？是不是一致针对内部或者外部的某个敌人？是不是什么事都仰赖领导者或者领导者留下的宝典？乌托邦式的愿望取代了切实可行的计划吗？应该每隔一两年聘请外部人问问这些问题，确保现实感完好无损。这样的审计可以针对组织的部门、分部甚至高管层来做，可以判断出它们是否出现了群体幻想、神经质症状。对第 1 章讨论过的神经质风格保持警惕，发现危险迹象就及时纠正。

设置监察员　有的上司让下属苦不堪言，自己往往还不知道。碰到这样的上司，下属真不知道该怎么办，不敢直接向上司抱怨，也不敢向上司的上司投诉。这样，不良移情或互动模式可能就会保持下去，越来越严重。对预防工作来说，最好安排一个监察员专门听取下属的投诉。这样，投诉就可以保持匿名。监察员要力争在事态失控之前调解好上下级矛盾。如果监察员听到很多下属抱怨同一上司，就可以建议对这个上司进行干预。监察员最好具有临床背景，一般从人事部中选取。如果从人事部选取，那么先要确保人事部承担着战略角色。因为，监察员必须很有势力才能发挥有效性，而传统的人事部通常没有那么大的势力。当然，还必须确保监察员不是政治投机分子。

聘请长期顾问　不管顾问的经验多么丰富、技巧多么娴熟、能力多么强大，都很难解决有着心理动力学根源的组织问题。第一，要花很长时间明确问题，特别是问题的关键细节。第二，问题一般比较敏感，容易激起情绪，进而引发防御，而高级经理人的防御又特别难以瓦解。组织为解燃眉之急聘请来的顾问，不可能有足够的时间查找问题的根源。即使时间足够，如果他们在神经质高级经理人面前太过积极地挖掘真相，就会被扔出去。要想避免这种情况，可以采取一个办法，即维持长期的咨询关系。顾问可以与组织签订一个为期两三年的合同，承诺每年花多少小时在组织。这样，顾问就有机会多了解组织及其关键人员。他甚至可以充当监察员。有了合同，顾问在与高层管理者打交道时，可能就更直率。显而易见，组织在签订合同前，应该与顾问有过一段非常愉快的合作经历。否则，可能就会浪费很多钱。

本章的建议是非常初步、非常笼统的，公司必须根据自己的情况灵活运用。实际上，本书一直都在强调，我们处理的那类复杂的组织问题，没有简单的解决办法。每个问题都需要专门的研究和量身定做的解决方案。这些建议只供参考，不该奉为教条。

第9章　组织治疗实录：案例研究

疾病是我们最敬重的医生。对于生命中的智慧与美善，我们只能许下承诺：臣服于痛苦。

——马赛尔·普鲁斯特（《平原之城》）

前面几章讨论了“神经质”组织、组织文化、移情过程、不良互动模式、职业生涯周期、组织变革阻力以及如何克服阻力推进变革。现在，我们要结合一个综合案例，来说明如何运用上述知识进行组织干预。

一家处于过渡期的公司

为了说明组织干预的全过程，我们选了一个心理动力学力量非常强烈的家族公司——戴安娜公司。我们与戴安娜的首次接触，是通过一个同行的引荐。当时，一家营销咨询公司的总裁问本书的一个作者，是否愿意出席他手下的一个顾问与一个客户的会议。这个客户就是戴安娜。好像是，那个顾问搞不清楚戴安娜到底想要什么。他跟我们提到，戴安娜的总裁让他帮助制订营销战略计划。然而，与经理人们开过几次会后，他纳闷他们要的到底是不是营销战略计划。他怀疑自己能否制订一个恰当的营销战略计划，因为戴安娜的经理人防备心太强，不愿给他看任何财务信息。他们好像完全不信任他。如果他们真的想要帮助，为什么总是很难把所有经理人聚在一起呢？而且，好不容易安排一次会议，最终必然吵得乱七八糟——出席会议的经理人互相指责对方或真实或想象的错误。实际上，因为这些经理人对彼此有这么强的破坏效果，所以那个顾问已经开始对他们的隐秘动机感到好奇。

戴安娜是一家生产高档女士内衣的公司。它实现了纵向一体化，有自己的编织、面料开发、染色、剪裁、缝纫、修整部门。有些生产程序外包出去。除了购买纱线用于编织以外，戴安娜还购买原纤维用于进一步加工。公司的经理人为自己的优质产品而自豪，说他们的特长就是面料创新。但是在产品款式方面，他们没有那么好。根据销量增长情况来看，他们的业绩只是中等水平。

戴安娜的所有者和经营者是亚当斯家族。公司成立于20世纪20年代末，创始人是威廉·亚当斯。他原先在爱丁堡的纺织公司做领班，后来从苏格兰移民到美国，创办了戴安娜。经过多年的艰苦奋斗（其间曾濒临破产），公司终于有了起色。

虽然威廉·亚当斯已经去世10年了，但是戴安娜很多资深员工对他记忆犹新。他们经常在公司主厂区一栋看起来相当破旧的办公楼的门厅里，指着他的半身石像，称呼他“老暴君（the old tyrant）”，怀念他。

威廉·亚当斯叫得出每个人的名字。公司流传着一个故事，这个故事说的是，他巡视车间，能够把仅有一点儿瑕疵的产品挑出来，而且能够立即知道责任出在谁身上。一位员工回忆说，他被“老头儿（the old man）”开除过 3 次。有一天，他开自己办公室的门，发现换了锁。原来他被解雇了，但没人通知他。威廉当政期间，很多员工相当谨慎，不敢随便评价公司。不过，他们一致认为，虽然他很严厉，但是如果达到了他的标准，就能获得一定的尊重和赏识。但是，他的标准很苛刻，很多人达不到。如果想做好了工作就能获得表扬，或者想找一个有人情味儿的工作环境，那么戴安娜不是什么好的选择。

公司曾经有一段时间，销量和利润非常不稳定，背后原因有很多。一个主要原因是，劳资关系一直不好，罢工时有发生。罢工，交货就延期，延期，产品就滞销，因为产品的季节性很强。另外一个主要原因是，公司不会把握潮流，有些设计出的产品不受顾客欢迎。现在，戴安娜的年销售额大约是 2 500 万美元，但是在我们介入之前的两年，它的利润下降得厉害。

威廉·亚当斯去世后，接任总裁的是他的儿子保罗。因为威廉从未明确推行继任计划，所以他去世后，保罗与姐夫为争夺公司所有权闹得不可开交。最后，保罗利用次子迈克尔发现的几条法规，把姐夫挤出局了。

保罗继任了总裁，他的长子戴维任销售营销副总裁，另外一个关键经理人是总会计师约翰·斯托达德。几年后，保罗的另外两个儿子也加入公司，次子迈克尔最终成了生产副总裁，幼子罗伯特成了出口操作总监。保罗当政的头 7 年，公司盈利情况非常好，背后的一个主要原因是，产品线非常有吸引力。戴安娜发展出来的竞争优势，很大程度上要归功于保罗超强的面料开发能力。

客观的问题

营销顾问发现戴安娜在营销与销售方面存在很多问题。市场研究根本就没有，竞争分析少得可怜。广告只有与某些大型连锁百货店合作搞的产品推介，主要媒介是报纸和布告板。因为百货店对所有厂家一视同仁，所以营销顾问严重怀疑这样的广告对创建品牌是否有用。高级经理人对购买其产品的顾客的特点只有模糊的概念。另外，销售方面的情况也非常不尽如人意。公司与代销商的合同没有专营条款，因此代销商可以售卖其他厂商的产品。为了激励代销商，公司必须给代销商很多提成。

从“客观”角度来说，这些困难的原因似乎是明摆着的。第一，组织结构非常模糊。权限重叠、职责交叉，所以保罗的儿子和总会计师不断发生冲突。这些冲突还渗透到了中层，特别是营销部与制造部。例如，雇用、解雇工厂人员的权力在总会计师手中，而不是在生产副总裁手中。第二，没有绩效评价和控制系统，结果，运营出现很多低效的地方，而且没引起管理者的注意。戴安娜工厂的效率和生产率已经成了业界最低的。造成这种状况的主要原因有两个，一个是劳资关系恶劣，另外一个是生产流程不合理。第三，决策权太过集中。保罗真的想操纵把持所有事情，而且一直是这么做的。尤其是，他经常出于自身的表演需要做出冒险的决定。结果，他就没有多少时间来制订长期战略、关注营销战略大方向、招募培养管理人才帮他分担责任。他总是在忙着到处救火，没空关心这些事情。最严重的后果或许是，营销战略摇摆、短视。市场研究太少；太多产品是在冲动之下引入的，而且花费了太多代价；广告被忽视；销售队伍结构不良。所有这些缺点让戴安娜在越来越多的竞争威胁面前变得越来越脆弱，同时经常出现资源紧张的状况。保罗升任总裁的第 3 年，实际销量下降了，利润大幅下滑了。更糟的是，销售和利润波动得越来越明显，因为顾客品味变得越来越快。图 2 总结了戴安娜的问题。

所有这些问题都很严重，而且比较明显，任何合格的管理顾问都会发现。但是，不久之后，我们发现很多隐秘力量在起作用，只有把这些隐秘力量揭示出来、处理好了，才能彻底解决表面问题。首先必须处理公司内部盛行的非理性。有必要弄清楚，为什么总裁保罗会有这样的表现——独揽大权、管得过细，听不进任何人的意见和建议。

保罗快到 60 岁，依然风度翩翩，甚至可以说魅力非凡。

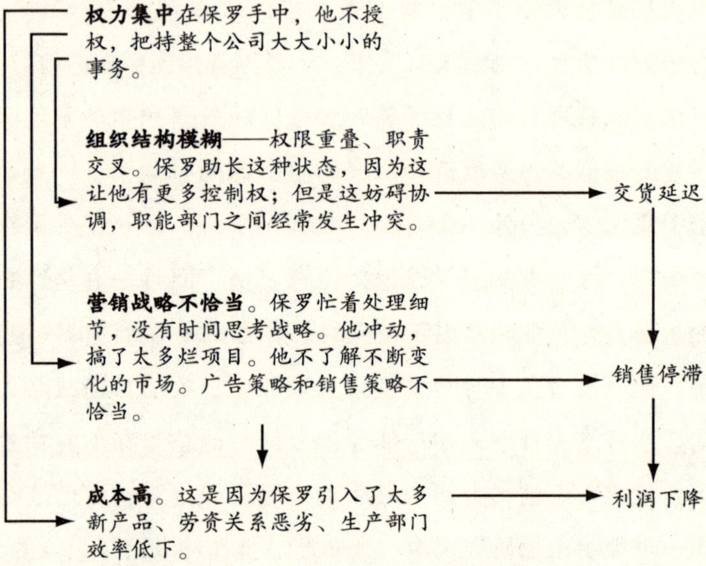

箭头代表问题与症状之间假设的因果关系

图 2　戴安娜具体问题小结

他的管理风格是表演式的，冲动、大胆、喜欢引人注目。他喜欢炫耀，不时详细讲述自己是如何运用智慧击败竞争对手的。他浮躁，经常用行动代替计划，很少花时间反思。情绪波动频繁，限制了决策有效性。他似乎不会分轻重缓急：事无大小，平等对待。

保罗还多疑，结果让公司氛围变得相当偏执。他认为，“处处潜藏着危险”。自然，总有一些真实的危险证实并助长他的这一信念，因为戴安娜所在行业竞争激烈。他尤其害怕对手的刺探和工会的敌意。因此，对于公司运营方面的信息，他严格保密。这让我们想起第 1 章讨论过的偏执型组织。

因为谨慎多疑，所以保罗对工人极其恶劣。他最近收购了一家海外工厂，没有其他目的，就是对付工会。这一招够狠，但是好像不合时宜，因为当时戴安娜的产品市场正在萎缩。有时保罗觉得自己好像四面楚歌，周围都是敌人，比如工会、家人、客户、其他股东，甚至“又贵又没用的”顾问。这些想法让他的决策很不理性，比如，公司有段时期，机器闲置、员工下岗，但是他拒绝把半成品卖给一家没有竞争关系的公司。10 年前，一家竞争对手用他开发的面料生产出类似的产品，狠狠打击了戴安娜——他的父亲让他绝不要忘记这件事情。他不会让类似的事情再次发生。另外一个问题迹象是，公司换过一拨又一拨顾问，顾问只要表达某些反对以前战略的观点，提出不受欢迎的建议，或者索要“秘密”信息，就会被戴安娜迅速抛弃。

我们原本可以根据“客观”问题制订一个战略行动计划、提一些建议。然而，很有可能，总裁会忽视这些建议，就像对待前面 3 位顾问一样。为了让戴安娜朝更有利于成功的方向改变，单单一份描绘解决方案的报告是远远不够的。有必要进一步了解有哪些比较隐秘的力量在戴安娜中起作用——这些力量是问题的根源所在，不处理这些力量，是解决不好问题的。

家庭动力学

保罗之所以要营销战略计划，是因为销售营销副总裁——他的长子戴维——威胁说要辞职。为了表示关心，为了向戴维证明他在意，他才引入顾问。我们发现，最近弟弟迈克尔正式进入公司，让原本就有很多不满的戴维生出了更多的不满。戴维告诉我们，他们家族有个不成文规定，中间的儿子不插手家族生意，而是另谋出路。按道理，戴维是总裁接班人。但是，迈克尔走后门进了公司，最初是兼职，现在是全职。戴维比较沉稳，迈克尔比较创新，两人互相嫉妒、公然作对。他们一个负责营销，一个负责生产，在工作上要相互依赖，所以他们之间的冲突给公司带来了严重后果：缺少合作，这又导致了交货延期、产品滞后、定价不公和客户关系恶化。

长子、次子在会议上的形象和行为大相径庭。戴维穿着样式保守的深色西装，迈克尔穿着破旧的工作服（通常包括一条宽松长裤和一件开襟衬衫）。开会期间，戴维和迈克尔之间的敌对特别引人注目。两人互相较劲，都想让对方难堪。迈克尔有一些相当孩子气的行为，玩曲别针、空瓶子等，手边有什么就玩什么。这让戴维越看越生气，最后大发雷霆，叫迈克尔别开小差、专心开会。在这样的情况下，幼子罗伯特如果在场的话，通常会介入，让两人冷静下来。

同样明显的是，长子、次子互相隐瞒信息，这引起了很多误解，造成了很多损失。而且，这种行为对各自的部门也有不好的影响。他们的下属纷纷效仿，也变得非常保密，不愿分享信息。结果出现了严重的协调问题，而这又导致交货延期、产品开发进展太慢、顾客退货率过高。

戴维除了抱怨自迈克尔进入公司后自己出现了很多压力症状外，还说担心迈克尔和罗伯特会联合起来对付他。戴维尽管觉得自己与罗伯特关系非常好，但是总也忘不掉姑父的遭遇——姑父就是被另外两个人联合起来排挤出了公司。他觉得，他还不到 40 岁，还有时间开创别的事业。他充满怀念地谈到过去的美好时光，那时，祖父威廉掌管着公司，一切都真的很好。戴维觉得自己一直是最受宠的孙子。尽管威廉可能对其他人严厉，但是在戴维的记忆中，祖父善良体贴，总有时间陪他。

有一点非常有趣，戴维现在用的是威廉晚年用过的办公室，墙上挂满了他与威廉的合影（所有照片都不见保罗）。从这些照片中，我们发现，戴维与威廉惊人地相似，甚至在穿着和动作上。

我们访谈了保罗，发现他为威廉晚年与他关系不好耿耿于怀。保罗觉得，威廉从未真正承认或感激他对公司的贡献，也从未因为他在面料开发和产品设计方面的强大能力表扬他。相反，威廉要么忽视他的建议，要么采纳他的建议但不算他的功劳。威廉做总裁期间，保罗多次考虑离开公司。但是，每次保罗威胁说要走，威廉都会巧妙地激起他的内疚感，强迫他留下。保罗回忆说，威廉很少陪他，陪戴维的时间都比陪他多。保罗说这些话时的愤怒语气，我们记忆犹新。那些年，保罗工作一直极其努力，几乎把所有时间都花在了工厂中，牺牲了家庭生活。回家后，他通常太累，无法给予孩子多少关心。威廉最后的做法特别让保罗伤心：没在遗嘱中规定让保罗做继承人。

父亲已经去世了，可是保罗仍然活在他的阴影下。保罗也许因为与父亲关系不好（我们对他与母亲的关系了解甚少），所以变得非常不信任别人，把权力集中在手中，“束缚”儿子，就像父亲束缚他一样。也许因为一直屈服在父亲的淫威下，保罗发现自己很难把敌意发泄出去。尽管他偶尔会爆发一下，但是他偏爱比较间接的渠道。最初见到保罗时，我们非常奇怪，这样一个充满魅力、光芒四射的人，怎么会容忍公司那么粗暴地对待工人呢？说开除就开除，从不考虑员工的利益。进一步调查之后我们认识到，保罗把“坏”的那部分自我分裂出来，投射到总会计师约翰·斯托达德身上。约翰总是替保罗唱黑脸，做保罗不方便出面做的恶事。作为保罗的代理，约翰乐滋滋地做着“走狗”，解雇降职、削减工资、控制花费（连很小数额也管得很严），等等。劳资关系恶化，表面上是约翰造成的。

迈克尔的行为也可以从“代理”角度加以分析。迈克尔似乎扮演着保罗“叛逆”的那部分自我，也就是保罗想在威廉面前表现但是从来不敢表现的样子。然而，现在，保罗允许迈克尔对戴维、对公司其他经理人无礼。（正如前面说过的那样，我们进入戴安娜时发现，最迫切的问题是戴维要离开。我们推测，保罗除了把迈克尔用作代理外，还把戴维用作了威廉的替代品。在象征意义上，保罗通过代理迈克尔、替代品戴维对威廉实施迟来的报复。）

像保罗一样，迈克尔也用过度活跃应对压力。他也容易情绪波动。他有时像保罗一样冲动、热情，有时突然变得抑郁。抑郁期间，他觉得自己的一切努力都没有希望，心想他离开的话也许对所有人都好。我们与迈克尔谈话时吃惊地发现，他也有强烈的报复需要——因为小时候的事情报复戴维。一次，迈克尔跟我们提到，他建造了自己的“碉堡”，从那里可以“把他们都射死”。他的“碉堡”里不是只有他一个人，而是还有一个年纪长他很多的拉里·亨德森。亨德森是他的助手，总是在他身边，为他工作中方方面面的事情出谋划策。迈克尔毫不吝惜地赞美亨德森有能力，但是我们不觉得亨德森有能力。也许，因为真正的父亲总是待在工厂，没有时间陪伴迈克尔，所以迈克尔把这个年长男子用作了替代品。他需要某个人供他理想化，但是这次是按他自己的方式。

与迈克尔形成鲜明对比的是，幼子罗伯特说话非常温和。他是公司的“哈姆雷特”，当家人之间发生冲突时，他无法决定站在哪一边。这个模式似乎在他很小的时候就建立了。他的犹豫不决渗透到了他所有的活动中。

我们问保罗希望公司未来变成什么样子。他说，他希望身边有一只“快乐的足球队”，队员都是他的儿子。他描绘了一幅人人平等的和谐画面。我们觉得，保罗的话显示了他的修复幻想。他似乎想弥补他犯下的所有过错。与此同时，他之所以有那样的希望，可能是因为他想要他的父亲用更温和、更体贴的方式对待他。表 9 总结了所有这些关系以及它们可能的含义。

表 9 戴安娜的关键人际关系

所涉方	关系	可能的原因	可能的结果
威廉和保罗（父子）	威廉无情地支配、“束缚”保罗，从不表扬他		保罗不信任工会、顾问，担心商业间谍；拒绝授权、管得过细；偏爱模糊的组织结构，因为这样他有控制感；喜欢表演，想受瞩目
威廉和戴维（祖孙）	戴维是威廉最宠爱的孙子；戴维仍然把威廉理想化	威廉年纪越大越想享受天伦之乐，为了补偿原先没有时间陪儿子保罗留下的遗憾，晚年尽量陪孙子戴维	保罗嫉妒戴维；作为总裁继承人，戴维对自己期望很高；与迈克尔发生冲突
保罗和戴维（父子）	保罗忽视戴维	戴维像威廉	戴维沮丧，觉得被抛弃，嫉妒迈克尔；因此，兄弟俩合不来
	保罗不信任戴维，“束缚”戴维	保罗、戴维与威廉的关系	保罗想保留所有决策权——不授权给儿子
	戴维爱保罗，渴望保罗的关注	保罗很忙，经常不在家，他的关注只有争取才能得到	保罗的忽视和明显的不信任，让戴维非常沮丧；戴维嫉妒迈克尔，怀疑迈克尔和罗伯特联合起来了

（续表）

所涉方	关系	可能的原因	可能的结果
戴维和迈克尔（兄弟）	互相较劲，互相嫉妒	童年仇恨从未化解；父母太忙，不争取就得不到父母的关注	无法合作——营销与生产协调不起来
保罗和迈克尔（父子）	保罗把迈克尔用作代理	保罗无意识地希望迈克尔展现出保罗自己对晚年威廉的叛逆	迈克尔与戴维、与斯托达德之间时有摩擦，无法合作
	迈克尔渴望保罗更多的关注	保罗很忙，经常不在家，他的关注只有争取才能得到	迈克尔找长者辅助自己；过度依赖助手，对助手的能力评价过高；模仿保罗的管理风格
保罗和斯托达德（上下级）	保罗把斯托达德用作代理	保罗需要间接宣泄敌意的渠道	斯托达德冷酷无情，粗暴对待工人，插手迈克尔负责的工厂事务，结果对公司造成破坏
罗伯特与戴维、迈克尔（兄弟）	和两个人都处得很好，但是要被迫选择站在哪一边	戴维和迈克尔对抗	罗伯特左右为难、犹豫不决

诊断和预后

了解到组织中的这些隐秘力量后，接下来就要问：应该采取什么步骤让组织恢复健康？处理个人阻抗和组织阻抗的最佳方式是什么？怎么帮助关键人物深入了解问题的根源？关键人物能承受多少解释和领悟？如何帮助他们修通阻抗、改变经营方式？是否有足够的“痛苦”诱导他们“忍受”顾问、形成持久的工作联盟？他们会对顾问产生哪类移情反应？

从前面的介绍中，我们可以做出几个推断。第一，戴安娜公司就像第1章介绍过的表演型公司。这类公司，战略摇摆，贪多求大，过度冒险，容易出现资源枯竭。保罗把权力集中在自己手中，冲动地引入了太多新产品线。因为盲目扩张，运营很难进行监控。因为缺少锻炼，第二层经理人能力不足。不过，保罗毫无根据的恐惧和怀疑，还让戴安娜具有了偏执型公司的某些特点。

公司盛行的组织文化似乎是战/逃型（第2章），分裂、刻板、多疑、内斗和迁怒。然而，我们也看到了依赖型文化的影子。很多经理人渴望受到总裁的“滋养”和保护，希望总裁帮自己摆脱身边的纷争。

因为戴安娜是个家族公司，所以第3、4章介绍过的不良人际互动模式表现得特别明显，其中束缚模式和代理模式最常见。另外，所有三个移情模式都存在，要么是几个关键经理人对顾问，要么是几个关键经理人之间。我们可以推测，保罗之所以渴望得到我们的钦佩（表现为吹嘘自己的成功），是因为他需要“镜像”。迈克尔对助手是十足的理想化移情，对总设计师则是被害移情。

关键人物各自处在生命周期的哪个阶段，影响着各自对变革的易感性。我们已经在第 5 章看到，各阶段有各阶段要操心的事情。保罗即将结束职业生涯，要培养下一代，要回顾人生。儿子们都是三十多岁，正处在社会化与成长阶段（老大还接近中年危机阶段），要考虑长远发展。所以父亲与儿子们看问题的角度是不一样的。

综合所有这些因素后，我们可以问问：保罗真的可以在哪天拥有一只“幸福的足球队”吗？他会修通失望，还是会走不出哀悼？他能承受多少解释和领悟呢？

处方及实施

我们要把第 8 章讨论过的某些干预形式用在戴安娜。我们觉得，迈克尔的挑衅引发了公司的动荡。因此，明智的做法似乎是，首先为他创造一个“包容环境（holding environment）”，让他不再攻击戴维和斯托达德。这会缓解公司内部的敌意氛围。一个顾问开始每周见一次迈克尔，进行启迪性干预和支持性干预。通过对质、澄清和解释，那个顾问让迈克尔更清楚地意识到了在公司中起作用的隐秘力量。那个顾问帮他探索他与父亲、与哥哥、与弟弟、与助手的关系。另外，为了减轻解释引起的焦虑，那个顾问针对他的工作给他提了一些实用的建议。例如，制定了一个计划，让他为工厂的关键人员规划职业发展；给出了几个办法，让他试着减少与斯托达德、与戴维的摩擦。

我们还有必要与总裁保罗建立最起码的工作联盟。我们需要尽量减轻他的被害移情反应，增强他把我们“理想化”的能力（即，让他对我们能为他做什么怀有信心）。如果因为保罗的（或者，还有我们的）态度或人格，我们不能做到这些，那么干预计划很快就会流产。我们很快确定了，保罗的挫折承受能力有限。过多地暴露不良的家庭动力学和组织动力学，会让保罗逃避、中断修通。于是，我们选择了一个更实际的路线。我们布置了几个问题解决环节，让保罗就公司的未来说出一个切实可行的计划。我们进行了数次“悖论干预”（见第 8 章），探索了最坏的情况。例如，我们夸张地指出，不采取补救措施的话，家庭关系、公司运营会恶化到什么程度。有时，我们表现得比较悲观。我们告诉保罗，我们也许会失败，就像之前的所有顾问一样——他们的问题实在棘手。我们含蓄地邀请他证明我们是错的（激将法）。这些举动让保罗渐渐地更加清楚公司的问题。但是，我们必须密切关注保罗的反应，避免给他传递太多有关他自己、他的家庭、他的公司的负面信息，让他不堪重负。我们必须让保罗一小步一小步地获得领悟，这样他就不会产生太过强烈的阻抗。

这些环节最终让保罗认识到，他不可能拥有一支“幸福的足球队”，因为过去发生了太多的事情。他的妻子有限的几次出席（应顾问的明确要求），对他特别有启迪作用。她证实了顾问的解释，也对保罗施加了压力。这一设计让他看到了，他的家庭状况恶化了多少，他的儿子之间其实存在多少冲突，他对这些要负多大责任。他的妻子告诉他，在家庭聚会上维持表面的和谐是多么难。

保罗还进一步意识到了，所有这些摩擦对公司运营有何影响。他的人生迈上了一个新台阶（刚刚成为祖父），这让他变得更爱思考，特别是思考公司的长远健康，这会是他给家人留下的主要财富。保罗现在好像在试着弥补过去犯下的错误。即使对某些孩子来说也许太晚了，但是至少他可以为孙子创造更好的环境。在顾问的“推动”下，他表示愿意放弃公司的部分控制权。在我们与戴安娜首次接触的两年后，保罗最终同意，把手中股份的75%渐渐转给儿子们。

为了限制保罗不良管理风格的影响、减少兄弟之间的冲突，戴安娜进行了一系列结构变革。为了给迈克尔和罗伯特独立的创造空间，戴安娜成立了两个分部，一个是面料开发和生产分部，一个是内衣制造分部，每个都是自负盈亏的利润中心。尽管这两个分部名义上都由保罗负责，但是他把大部分精力放在自己擅长的面料开发和生产上，内衣制造分部实际上由次子迈克尔负责。清晰的组织结构建立了，新的信息系统引入了，各分部的目标和战略澄清了。

幼子罗伯特，帮助父亲管理面料开发和生产分部。这让保罗有机会把自己的专长传授给罗伯特，把罗伯特培养成这个分部的继承人，让自己获得繁殖感。

我们鼓励长子戴维在不相关的地产行业开办新公司，这会减少各个部门之间的冲突。戴维在数次访谈中向我们透露，他实际上对父亲的生意从不感兴趣。他真正的兴趣在投资银行业务和风险资金管理上。他只是因为想与父亲近一些才待在家里的公司。出于心理上和经济上的考虑，我们鼓励保罗只给新公司注入初始资金。我们觉得父子之间应该保持一定的距离，这有利于以后的和谐。保罗必须给儿子们更多自由——父子之间的连接应该调松一些。

长子与次子之间的敌意，很不可能通过咨询化解。深入分析他们的感受后我们发现，要做的工作还有很多。只有密集的启迪性精神治疗才有可能缓解他们对彼此的强烈嫉妒、怨恨和愤怒。这超过了本次咨询项目的范围，因为本次咨询项目的目标是让公司尽快恢复活力。

我们试着矫正公司盛行的战/逃文化。我们建议，安排还有几年就达到法定退休年龄的总会计师约翰·斯托达德提早退休。原因有几个。第一，斯托达德很不熟悉信息系统和电子数据处理。考虑到公司的规模、行业的周期性和竞争性，这方面的知识是十分必要的。第二，斯托达德工作方式粗暴（这不全是他的错），伤害了太多经理人。他退出后，总会计师与生产副总裁的权责重叠问题就会消失，迈克尔就会有更多自主权，可以放手做事情。第三，他一直抵制培养中层管理者，财务部缺乏人才就是明显的证据。这里，他在表演保罗的恐惧——害怕有人刺探公司情报。第四，只要有他在，保罗就很有可能回到旧的行为模式，再次把他用作代理。

我们鼓励幼子罗伯特参加巴林特小组。[1] 他开始定期与来自其他公司的经理人聚到一起，在中性背景下，在专业人士的指导下，讨论管理中的人际问题。我们随后对罗伯特的访谈表明，巴林特小组帮他认识到了他的不良人际互动模式。他在巴林特小组学到的东西，对他改进他与父亲、与哥哥们之间的关系特别有用。罗伯特还开始明白，他的犹豫不决降低了他的工作有效性，进而对公司造成了不良影响。他现在正在努力改变。开会时，他变得更果断了，而且能够特别有效地制止父亲跑题。

我们还帮助戴安娜招募了一批优秀的中层管理者，这些人以后可以充当公司的栋梁。最后，通过仲裁解决了工会问题。我们希望，总会计师离开后（他一直是资方的主要代表），劳资矛盾会大大减少。

为了确保效果的持久性，在所有这些改变发生之后，关键经理人继续与我们定期会面，开始是一周一次，后来是一月一次。为了把会面正式确认下来，我们加入了一个计划与运营委员会，这个委员会的主要任务是实施新的组织结构、审查政策、规划战略、评价绩效。

表10总结了我们对戴安娜进行的各种干预。

表10　对戴安娜进行的各种干预

对象	干预	基本原理
整个组织	建立利润中心，明确权责，鼓励授权	给迈克尔和罗伯特创造发展空间，鼓励他们独立；把保罗解放出来，让他集中精力做他最擅长、最喜欢的事情——面料开发
	让戴维离开戴安娜	减少生产与销售营销之间的矛盾；保证交货时间，提高新产品引入有效性，改善客户关系，纠正定价策略；增强会议的建设性
	让斯托达德提早退休	为改善劳资关系创造氛围，因为他是工人心目中的大坏蛋；让迈克尔有更多自主权；让总会计师和生产副总裁的职责不再重叠
	改善广告和销售策略，巩固产品线	促进销售；降低成本
	升级财务控制系统，优化市场扫描流程	确认哪些业务有前途、哪些业务效率低；保持产品线与时俱进
	成立专门的委员会加强战略规划	让更多人发表意见，减轻决策的冲动性；让保罗不再无视坏消息

（续表）

对象	干预	基本原理
保罗	支持性心理治疗和心理咨询（偶尔采用悖论干预）——让保罗一小步一小步地获得领悟；让保罗与迈克尔、罗伯特更密切地合作，增强保罗的繁殖感	保罗的挫折承受力低——必须用温和的方式处理，否则整个咨询项目就可能流产
戴维	让他创办自己的公司；提一般意义的建议，穿插启迪性心理治疗，帮助他理解他与保罗、与迈克尔的不良关系	他离开公司，他自己会更高兴，公司会更和谐；他对戴安娜乃至戴安娜所处的行业都不感兴趣——他之所以待在那儿，是为了满足保罗和威廉的期望；他与迈克尔的矛盾由来已久，永远不可能解决
迈克尔	让他经营他自己的利润中心；启迪性心理治疗，穿插实际的商业建议	增强他的自信，让他减少对助手或父亲的依赖；稳定他的管理风格，减少他的极端行为；减轻他的攻击性
罗伯特	让他加入面料分部；让他参加巴林特小组，帮他探索他的管理风格	让他变得更果断；他可以充当父亲的“共鸣板”；他有助于把事情拉回正轨，因为他是三兄弟中“受束缚”最少的一个

我们并非完全满意咨询的最终结果。尽管长子戴维开办了自己的公司，但是他从未完全切断与戴安娜的联结。他仍

然不时地参与销售，主要是充当几个大客户的联系人。我们觉得，要是戴维完全自立门户，那么戴安娜内部发生冲突的可能性就会大大减少。另外，我们在计划与运营委员会的成员资格，并没有维持到我们想要的那么长时间。保罗看到公司运营状况有所改善后，觉得一切又回到了控制之下，不用我们他也能应付了。通过与幼子罗伯特的联系，我们了解到，保罗有时还会出现“退化”行为。显而易见，他仍然会不时做出冲动的决策，与工会作对，插手戴维新公司的事情。然而，在我们写这个案例的时候，保罗的那些行为还没有严重到大大妨碍戴安娜康复的地步。实际销售现在以 10%的速度增长，公司恢复了很强的赢利能力。

有人也许持反对意见，说戴安娜是个家族公司，以它为例还不足以可靠地证明组织运行不良的心理动力学根源。这当然是个极端案例，其教学价值就在于它的极端。然而，我们想强调的是，与我们打过交道的很多其他组织，战略问题和结构问题也有着心理动力学根源。

结语　促进改变——注意事项和建议

骑手必须骑在马上，而不是与马一起跑掉。

——唐纳德·温尼科特（《玩耍与现实》）

本书与其说是提供简单的答案，不如说是提出棘手的问题。而且，本书还挑战了一个信念，即管理是理性的人根据理性的目标执行理性的任务。我们试着说明了，超理性的心理力量可能强烈影响组织的战略、结构、决策、领导和群体。这些力量并不容易识别或诊断，更难对抗。但是，它们普遍存在着。它们还特别有害、特别顽固，是各类组织运行不良的根源所在。

神经质风格、群体共有幻想、移情模式、阻抗、上下级纠缠以及职业生涯发展阶段，都可能对组织绩效造成剧烈影响。我们描述了，这些力量是如何导致决策冲动、士气低下、领导不力、战略摇摆和结构不当的。管理顾问如果忽视这一点，就很难从根本上解决组织问题。我们指出了，组织的具体问题往往直接源自管理者长期存在的心理问题。例如，表演型经理人，容易过度扩张乃至耗尽资源，不能合理利用管理信息。乌托邦型组织文化，追求不切实际、成本过高的目标。被害移情导致敌意相向、缺少合作，而“束缚型”上司可能导致下属过度顺从、发展不足。管理顾问往往只看到了这些问题的表象，提一些快速解决方案。例如，他们也许建议首席执行官具有表演型人格的公司引入资本预算和信息系统，向乌托邦群体提倡目标管理，或者建议因盛行被害移情而缺乏合作的公司成立委员会。

我们的观点是，这些措施治标不治本，因此作用不大。有时，改变组织行为的唯一方式是改变组织内部主要人物的行为。而改变主要人物行为的唯一方式是，说服他们相信他们错了，向他们指出他们为什么错了，让他们至少了解一下他们不良的态度、信念和行动的形成原因。

要做这个，只能首先不仅看透组织的问题，而且要看透经营组织的人。但是，那并不容易做到，必须花大量时间访谈经理人以及与他们有联系的人，必须不仅观察行为而且观察态度，必须研究内心剧场的主题。对解释问题成因来说，内心幻想与客观现实一样重要。弄清这些需要投入大量时间、付出大量努力，而且，诊断过程可能十分令人不安，对经理人来说如此，对顾问来说亦如此。要谈论敏感的话题，要探究令人不自在的问题。但是这些工作对弄清组织问题的形成原因必不可少。不弄清原因，就不能彻底解决问题。解决掉的只是症状，潜在问题还存在，日后会引起类似症状。与此同时，顾问还有必要为客户提供支持氛围，帮助他们获得领悟，防止他们卡在修通过程的某个阶段。

这个形式的诊断和治疗尽管对很多组织问题的解决来说不可或缺，但是也有几点局限。第一，它往往是痛苦的、耗时的、昂贵的。顾问还面临一个风险：挖得太深，让高层经理人反感，最后一个客户都留不住。我们已经见识过，领悟是多么难形成，修通过程是多么痛苦。第二，我们提倡的干预形式，只能由精通精神分析的人来实施。我们的方法，如果由只修过一些精神分析课程的人来实施，则会弊大于利。迄今为止，没有几个受过足够精神分析训练的管理顾问来实施我们的建议。第三，绝不是所有有着心理动力学根源的不良适应模式肯定都能矫正成功。我们举的案例，大都是成功的，但是，我们也经历过失败。有些心理问题太过根深蒂固或者太过严重，是不可能改变的，哪怕是进行长期的精神分析治疗。还有另外一种情况，经理人承受的痛苦（组织绩效不佳造成的痛苦，工作受到威胁造成的痛苦，等等）还不足以让他们想探索敏感的话题，或者放弃珍视的习惯或信念——而他们通常有权力阻断任何有意义的组织干预。

我们的组织干预取向并非一点都不悲观。我们一再强调，组织内部的心理力量可能非常顽固。它们代表高管层成员长期存在、根深蒂固的感知、解释、行为方式。这些模式很难改变，哪怕顾问非常清楚它们会造成什么不良后果。精神病学和精神分析研究证明了，我们最有问题的行为、态度和感知模式，很多都起源于早期童年经历。整个成年阶段，它们往往会得到强化，变得极其稳定、持久。因此，有时，顾问不能通过直接处理这些模式来改变组织。神经质管理者经营的有病组织，往往是最难改变的。这并不是说，它们是不能改变的；但是改变需要长期、费力的干预。它不单单是指出不良行为模式、建议更合适的行为模式，还必须投入很多努力让管理者了解自己的不良行为模式及其成因、必须给予他们必要的激励和支持来帮助他们改进。

在很多情况下，组织面临的问题并没有戴安娜的问题那样根深蒂固。可能只需撤掉一个"神经质"经理人，或者解散一组不良人际关系。这些简单的措施，有利于为解决更具体的结构问题扫清障碍。在诊断、处理组织问题时，就像不能太肤浅（只看表面现象，不管深层原因）一样，也不能走入另外一个极端。并不是所有的组织问题都有广泛或复杂的心理动力学根源。所以，尽量不要带着先入之见做诊断，时刻记着寻找解决问题的关键入手点。最后说一句，我们必须记住，有效干预的特点是能够化繁为简。

译后感

运行出现问题，组织就会想方设法变革。特别是，在商业环境瞬息万变的今天，变革对组织来说更是一种常态。但是真正能够顺利启动变革并最终取得成功的组织却寥寥可数。为什么变革是一个人人都知道重要却往往无疾而终的活动呢？究竟是什么在阻碍人们都期望的改变到来呢？

北师大领导力研究与开发中心研究员兼清华大学总裁班客座教授张鼎昆调查后发现，以下几种因素是制约变革成功的关键障碍：企业最高领导人变革的决心和意志不够坚定；没有将组织作为整体进行分析；对变革阻力认识不足；没有发动广大员工，建立起支持变革的组织文化；对变革过程组织不力。这五条可以综合为两点："缺乏整体概念""忽略人的因素"。其他探讨变革失败原因的学者或实践者提出的观点，也大可归纳为这两点。

在中国，这两点直到最近才被人认识到。这也难怪，因为在中国，最近一二十年组织变革才成为"潮流"。早在20世纪70年代，美国、西欧就兴起了组织变革潮流。它们的组织变革，也是成功的少，失败的多。很多学者和实践者反思组织变革失败的原因，也认识到了这两点。到了20世纪80年代，有少数学者和实践者以这两点为鉴，从整体入手、以人为中心促进组织变革，积累了一些经验。其中就有曼弗雷德·凯茨·德·弗里斯和丹尼·米勒。

他们在心理咨询实践和管理咨询实践中观察到，就像在经济中一样，在组织中也有一只“看不见的手”在起作用。组织中的决策制定、领导行为、战略形成和结构设计等都受一些隐秘的心理力量的影响，组织中的人并不是完全理性的。于是，他们决心考察各种非理性的、隐秘的心理力量在组织背景下的表现。

有人也许会说，非理性的、隐秘的心理力量不都是精神病学家、临床心理学家和精神分析学家关注的东西吗？确实如此。传统的组织学者和管理实践者是无视这些东西的，正因为这种无视，所以很多组织现象他们解释不了，所以他们提出的变革方案很难实施成功。

他们的无视，可能是无奈之下的选择，因为这些东西实在是太复杂了、太棘手了。可不能因为复杂、棘手就不去触碰吧？曼弗雷德·凯茨·德·弗里斯和丹尼·米勒就有勇气做这方面的开路先锋。

当然，他们并不是逞莽夫之勇。他们做了充分的准备，特别是曼弗雷德·凯茨·德·弗里斯。他既接受了系统的经济学、管理学教育，又接受了系统的精神分析训练，而且有着多年心理咨询和管理咨询的经验。再加上他那孜孜不倦的探索精神，他终于踏上了这条“人迹罕至之路”。米勒虽然没有接受系统的精神分析训练，但是研究组织动力学、战略、文化多年，颇有心得。两人优势互补，是对很好的搭档。

本书是他们对初步探索的总结，很多结论是推测性的，存有很多争议。不过，他们的目标是用大胆的推测引发辩论、提出问题。

不过，在本译者看来，这些都是他们的谦虚之词。他们的这本书，尽管有些细节没有思考透彻、写得含含糊糊，但是总体上来说，结构明确、逻辑清楚、有理有据，还穿插了很多真实的案例。特别是这些案例，最为难能可贵。不仅有助于读者更好地理解他们的框架，还有助于让读者看到：从整体入手、以人为中心促进组织变革，虽然难，但不至于难于上青天，已经有成功案例可参考。这不仅能给各种促变者增添信心，也为各种促变者指出了切实的、具体的路线。

丁丹

2011 年 10 月

注 释

引言

1. 请见：

Fritz J. Roethlisberger and William J. Dickson, *Management and the Worker*, Cambridge, Mass.: Harvard University Press, 1939;

Elton Mayo, *Human Problems of an Industrial Civilization*, Cambridge, Mass.: Harvard University Press, 1945;

Douglas McGregor, *The Human Side of Enterprise*, New York: McGraw Hill, 1960;

Louis E. Davis and Albert B. Cherns (eds.), *The Quality of Working life*, 2 vols. (New York: Free Press, 1975).

2. 请见：

David C. McClelland, *Power: The Inner Experience*, New York: Irvington, 1975;

David C. McClelland, The Achieving Society, New York:

Irvington, 1961.

3. 请见：

Danny Miller, Manfred F. R. Kets de Vries, and Jean-Marie Toulouse, "Top Executive Locus of Control and Its Relationship to Strategy Making, Structure, and Environment", *Academy of Management Journal*, 1982, 25, 237-253.

4. 请见：

Harold M. Schroder, Michael Driver, and Siegfried Streufert, *Human Information Processing*, New York: Holt, Rinehart and Winston, 1967.

5. Herbert A. Simon, *Administrative Behavior*, New York: Macmillan, 1947.

6. James G. March and Herbert A. Simon, *Organizations*, New York: Wiley, 1958.

7. Richard M. Cyert and James G. March, *A Behavioral Theory of the Firm*, Englewood Cliffs, N. J.: Prentice-Hall, 1963.

8. Wilfred R. Bion, *Experiences in Groups*, London: Tavistock, 1959.

第 1 章

1. 例如，有个组织理论把组织比作有机体，这个理论曾经非常流行，也非常有价值，但是它模糊了组织与有机体之间的关键区别。请见：

M. Keeley, "Organizational Analogy: A Comparison of Organismic and Social Contract Models", *Administrative Science Quarterly*, 1980, 25, 337-362.

2. 请见：

Danny Miller and Peter Friesen, *Organizations: A Quantum View*, Englewood Cliffs, N. J.: Prentice-Hall, 1984.

3. 这方面的研究有很多，请见：

Elliott Jaques, *The Changing Culture of a Factory*, London: Tavistock, 1951;

Elliott Jaques, *Work, Creativity, and Social Justice*, New York: International University Press, 1970;

Albraham Zaleznik and Manfred F. R. Kets de Vries, *Power and the Corporate Mind*, Boston: Houghton Mifflin, 1975;

Michael Maccoby, *The Gamesman*, New York: Simon & Schuster, 1976;

Roy Payne and Derek, S, Pugh, "Organization Structure and Climate", in M. Dunnette (ed.) *Handbook of Industrial and Organizational Psychology*, Chicago: Rand McNally, 1976;

Otto Kernberg, "Regression in Organizational Leadership", *Psychiatry*, 1979, 42, 29-39;

Manfred F. R. Kets de Vries, *Organizational Paradoxes: Clinical Approaches to Management*, London: Tavistock, 1980;

Manfred F. R. Kets de Vries (ed.) *The Irrational Executive: Psychoanalytic Explorations in Management*, New York: International Universities Press, 1984.

4. 请见:

Jerry E. Phares, *Locus of Control in Personality*, Morristown N. J.: General Learning Press, 1976;

Herbert M. Lefcourt, *Locus of Control*, New York: Wiley, 1976.

5. 请见:

David C. McClelland, *The Achieving Society*, New York: Irvington, 1961.

6. 请见:

David C. McClelland, *Power: The Inner Experience*, New York: Irvington, 1975.

7. 请见:

Victor H. Vroom, *Some Personality Determinants of the Effective of Participation*, Englewood Cliffs, N. J.: Prentice-Hall, 1960;

Henry Tosi, "A Re-examination of Personality as a Determinant of the Effects of Participation", *Personnel Psychology*, 1970, 23, 91-99.

8. 请见:

Robert K. Merton, "Bureaucratic Structure and Personality", in Robert K. Merton, *Social Theory and Social Structure*, New York: Free Press, 1968.

9. 我们从以下书籍中获得了很多灵感，在此对它们的作者表示诚挚的谢意。

Otto Fenichel, *The Psychoanalytic Theory of Neurosis*, New York: Norton, 1945;

David Shapiro, *Neurotic Styles*, New York: Basic Books, 1965;

J. Laplanche and J. B. Pontalis, *The Language of Psychoanalysis*, London: Hogarth Press, 1973;

Alfred M. Freedman, Harold I. kaplan, and Beniamin. J. Sadock (Eds.), *Comprehensive Textbook of Psychiatry*, 2 vols, Baltimore: Williams & Wilkins, 1975;

Armand M. Nicholi (ed.), *The Harvard Guide to Modern Psychiatry*, Cambridge, Mass.: Belknap Press, 1978.

10. 这里的“客体”有专门的含义，即本能需要所指的对象。

11. 这个领域的重要研究者及其作品请见：

Melanie Klein, *Contributions to Psychoanalysis*: 1921-45, London: Hogarth Press, 1948;

W. Ronald D. Fairbaim, *An Object Relations Theory of Personality*, New York: Basic Books, 1952;

Michael Balint, *Primary Love and Psychoanalytic Technique*, London: Liveright, 1965;

Harry Guntrip, *Schizoid Phenaomena*, *Object Relations*, *and the Self*, New York: International Universities Press, 1969;

Edith Jacobson, *The Self and the Object World*, New York:

International Universities Press, 1964;

Joseph Sandler and Bernard Rosenblatt, "The Concept of the Representative World", *Psychoanalytic Study of the Child*, 1962, 17, 128-145;

Margaret S. Mahler, Fred Pine, and Anni Bergman, *The Psychological Birth of the Human Infant*, New York: Basic Books, 1975;

Otto Kernberg, *Object Relations Theory and Clinical Psychoanalysis*, New York: Jason Aronson, 1976.

12. Laplanche and J. B. Pontalis, *The Language of Psychoanalysis*, p. 318.

13. Josef Breuer and Sigmund Freud, "Studies on Hysteria", in James Strachey (Ed.), *The Standard Edition of the Complete Psychological Works of Sigmund Freud*, vol. 2, London: Hogarth Press/Institute of Psychoanalysis, 1893-1895, p. 22.

本书后面引用的弗洛伊德的书，都来自 Standard Edition。

14. Ian I. Mitroff and Ralph H. Kilmann, "Organization Stories: An Approach to the Design and Analysis of Organizations Through Myths and Stories", in R. H. Kilmann, L. R. Pondy, and D. P. Slevin (ed.), *The Management of Organization Design Strategies and Implementation*, New York: Elsevier/North Holland, 1976, p. 190.

15. Jean-Paul Larcon and Roland Reitter, *Structures de pouvoir et identite de l'enterprise*, Paris: Nathan, 1979.

16. 美国精神病学协会讨论过这些神经质风格，请见：

American Psychiatric Association, *Diagnostic and Statistical Manueal of Mental Disorders* 3rd ed., Washington, D. C.: American Psychiatric Association, 1980.

在我们的框架中，“表演型（dramatic）”是“演戏型（histrionic）”和“自恋型（narcissistic）”的混合。实际上，研究者经常把演戏型（histrionic）继续分为两类，一类与性欲期的发展有关，即“良性癔症（good hysteric）”，一类与口欲期的发展有关，即“所谓的良性癔症（the so-called good hysteric）”，请见：

J. Marmor, “Orality in the Hysteriacal Personality”, *Journal of the American Psychoanalytic Association*, 1953, 1, 656-667;

Elisabeth R. Zetzel, “The So-Called Good Hysteric”, *International Journal of Psychoanalysis*, 1968, 49, 256.

17. 我们指的是 Danny Miller 在一个组织分类实证研究中所说的 S_3 型、S_2 型、F_1 型、F_2 型和 F_3 型，请见：

Danny Miller and Peter Friesen, “Strategy Making in Context: Ten Emprical Archetypes”, *Journal of Management Stydies*, 1977, 14, 258-280;

Danny Miller and Peter Friesen, “Archetypes of Strategy Formations”, *Management Science*, 1978, 24, 921-933.

偏执型好像与某些研究者所说的“分析型（analyzer）”有些相似，请见：

Raymond Miles and Charles Snow, *Strategy*, *Structure*, *and*

Process, New York: McGraw-Hill, 1978.

强迫型与某些研究者所说的“机械官僚型（machine bureaucracies)”相似，请见：

Henry Mintzberg, *The Structuring of Organizations*, Englewood Cliffs, N. J.: Prentice-Hall, 1979.

表演型与某些研究者所说的“企业家型（entrepreneurial)”有类似之处，请见：

Orvis Collins and David Moore, *The Organizations Makers*, New York: Appleton-Century-Crofts, 1970.

抑郁型与某些研究者所说的“官僚型（bureaucracies)”相似，请见：

Victor Thompson, *Modern Organizations*, New York: Knopf, 1961;

William H. Starbuck, A. Greve, and B. Hedberg, “Responding to Crises”, *Jouranl of Business Administration*, 1978, 9, 111-137.

淡漠型则堪比于某些研究者所说的“政治角斗场(political arenas)”，请见：

Henry Mintzberg, *Power in and Around Organizations*, Englewood Cliffs, N. J.: Prentice-Hall, 1983.

18. 除了一些涉及著名公众人物的案例外，所有案例中的人名、地名、公司名、行业名都经过化名处理。

19. 请见：

Danny Miller, “Strategy Making in Context: Ten Emprical

Archetypes", Unpublished Doctor Dissertation, McGill University, 1976;

Danny Miller and Peter Friesen, *Organizations: A Quantum View*, Englewood Cliffs, N. J.: Prentice-Hall, 1984.

20. 这样的第二层经理人就是某些研究者所说的"以诈取胜者(gamesman)",请见:

Michael Maccoby, *The Gamesman*, New York: Simon & Schuster, 1976.

实际上,"以诈取胜者"的个性好像非常类似于精神病学文献和精神分析文献所说的自恋型人格。本书一个作者认为Kohut对自恋型人格的描述最贴切,而另外一个作者则认为Kernberg的描述最贴切,请见:

Heinz Kohut, *The Analysis of the Self*, New York: International Universities Press, 1971;

Otto Kernberg, *Borderline Conditions and Pathological Narcissism*, New York: Jason Aronson, 1975.

对组织背景下自恋型人格的描述,请见:

Manfred F. R. Kets de Vries and Danny Miller, "Narcissism and Leadership: An object Relations Perspective", Harvard University Graduate School of Business Administration, 1984.

21. 有人在医院重点研究过经理人互补这个现象,请见:

Richard C. Hodgson, Daniel J. Levinson, and Abraham Zaleznik, *The Executive Role Constellation: An Analysis of Personality and Role Relations in Management*, Boston: Division of

Research, Graduate Scool of Business Administration, Harvard University, 1965.

22. 破译意符，是诠释学的主要工作。有关诠释学的经典著作，请见：

Robert Palmer, *Hermeneutics*, Evanston, Ill: Northwestern University Press, 1969;

Paul Ricoeur, *The Conflict of Interpretations: Essays in Hermeneutics*, D. Inde (ed.), Evanston, Ill: Northwestern University Press, 1974.

另见：

Albram Zaleznik and Manfred F. R. Kets de Vries, "Leadership as a Text: An Essay on Interpretation", Harvard University Graduate School of Business Administration, 1984.

第 2 章

1. 用精神分析理论术语来说，"幻想" 可以定义内心剧场的基本情节，会随着人的成熟而变得复杂。基于本能需要的欲望，与对自我、对他人的心理表征联系起来，通过幻想表达出来，而幻想可以视作行动的组件。想进一步了解幻想的含义和重要性，请见：

Melanie Klein, *Contributions to Psychoanalysis: 1921-45*, London: Hogarth Press, 1948;

Susan Isaacs, "The Nature and Function of Fantasy", *Inter-*

national Journal of Psychoanalysis, 1948, 29, 73-97;

David Beres, "The Unconscious Fantasy", *Psychoanalytic Quarterly*, 1962, 31, 309-328;

Jean Laplanche and J. B. Pontalis, "Fantasy and the Origins of Sexuality", *International Journal of Psychoanalysis*, 1968, 49, 1-18.

2. Wilfred R. Bion, *Experiences in Groups*, London: Tavistock, 1959, p. 42.

3. Wilfred R. Bion, *Experiences in Groups*, London: Tavistock, 1959, p. 42.

4. Robert Freed Bales, *Personality and Interpersonal Behavior*, New York: Holt, Rinehart and Winston, 1970, p. 138.

5. Robert Freed Bales, *Personality and Interpersonal Behavior*, New York: Holt, Rinehart and Winston, 1970, p. 150.

6. Wilfred R. Bion, *Experiences in Groups*, London: Tavistock, 1959.

7. 还有其他人把 Bion 群体理论的基本概念用于组织研究，请见：

Robert DeBoard, *The Psychoanalysis of Organizations*, London: Tavistock, 1978;

Otto Kernberg, "Leadership and Organizational Functioning: Organizational Regression", *International Journal of Group Psychotherapy*, 1978, 28, 3-25.

8. 可能会观察到持续的“精神分裂型分裂（schizoid

split)”，即把“好”的内投射（introject）到自己身上，把“坏”的投射（project）到他人身上。根据 Laplanche 的说法，这样的投射是一种原始的防御机制，具体是指“一个人把为自己所有但不为自己接受的品质、感受、愿望甚至客体驱逐出去，放到另外一个人（甚至物的）身上”。(p. 349)，请见：

Jean Laplanche and J. B. Pontalis, “Fantasy and the Origins of Sexuality”, International Journal of Psychoanalysis, 1968, 49, 1-18.

9. 请见：

Sigmund Freud, “Group Psychology and the Analysis of the Ego”, *Standard Edition*, vol. 18, 1921;

Philip E. Slater, *Microcosm*, New York: Wiley, 1961.

10. Tom Burns and G. M. Stalker, *The Management of Innovation*, London: Tavistock, 1961.

11. 想进一步了解巴林特小组，请见：

Michael Balint, *The Doctor, His Patient, and the Illness*, New York: International Universities Press, 1957.

第3章

1. Josef Breuer and Sigmund Freud, “Studies on Hysteria”, *Standard Edition*, vol. 2, 1893-1895.

2. 请见：

Sigmund Freud, "Fragment of an Analysis of a Case of Hysteria", *Standard Edition*, vol. 7, 1905.

另见：

Sigmund Freud, "The Dynamics of Transference", *Standard Edition*, vol. 12, 1912.

3. James Strachey, "The Nature of the Therapeutic Action of Psychoanalysis", *International Journal of Psychoanalysis*, 1934, 15, 127-159.

4. 请见：

Anthony Storr, *The Art of Psychotherapy*, New York: Methuen, 1979.

5. 请见：

Douglas W. Orr, "Transference and Countertransference: A Historical Survey", *Journal of the American Psychoanalysis Association*, 1954, 11, 621-670;

Ralph R. Greenson, *The Technique and Practice of Psychoanalysis*, vol. 1, New York: International University Press, 1967;

Robert Langs, *The Therapeutic Interaction*, 2vols, New York: Jason Aronson, 1976.

6. Otto Fenichel, *The Psychoanalysis Theory of Neurosis*, New York: Norton, 1945, p. 30.

7. Anthony Storr, *The Art of Psychotherapy*, New York: Methuen, 1979, p. 69.

8. Joseph Sandler, Alex Holder, Marie Kawenoka, Hanna Engl Kennedy, and Lily Neurath, "Notes on Some Theoretical and Clinical Aspects of Transference", *International Journal of Psychoanalysis*, 1969, 50, p. 639.

9. Ralph R. Greenson, *The Technique and Practice of Psychoanalysis*, vol. 1, New York: International University Press, 1967, pp. 151-152.

10. 请见：

Otto Fenichel, *Problems of Psychoanalysis Technique*, Albany, New York: Psychoanalytic Quarterly, 1941.

11. Ralph R. Greenson, *The Technique and Practice of Psychoanalysis*, Vol. 1, New York: International University Press, 1967.

12. 想了解各种不良移情倾向的形成原因，请见：

Heinz Kohut and Ernest S. Wolf, "The Disorders of the Self and Their Treatment: An Outline", *International Journal of Psychoanalysis*, 1978, 59, 413-425.

13. 这里只稍微列举少数几个分类。

比如，分为神经质移情和非神经质移情，后者指具有精神病或濒临精神病性质的移情。

再比如，Kohut 在研究自恋型人格障碍时发现了两类移情，他把它们分别叫作镜像移情和理想化移情。根据他的观察，在镜像移情中，自我呈现出自高自大、爱出风头的形象，而在理想化移情中，他人被视作理想化父母的形象。两种移情模式都可以视作企图重建以前存在过的完美状态，那个时候，父母还是与自己共情的，即恰当地回应自己。请见：

Heinz Kohut, *The Analysis of the Self*, New York: International Universities Press, 1971.

很多治疗师指出过移情的本能化特点，这里的移情是指具有色情和攻击性质的互动模式。Stone 把移情区分为原始的（primordial）和成熟的（mature）两类，两类移情都是儿童对早期分离/个体化的反应，不过分别源自生命周期的不同阶段。请见：

Leo Stone, *Psychoanalytic Situation*, New York: International Universities Press, 1961;

Leo Stone, "The Psychoanalytic Situation and Transference: Postscript to an Earlier Communication", *Journal of the American Psychoanalytic Association*, 1967, 15, 3-58.

另见：

Margaret S. Mahler, Fred Pine, and Anni Bergman, *The Psychological Birth of the Human Infant*, New York: Basic Books, 1975.

还有人区分出投射性（projective）移情和内投射性（introprojective）移情，这两种移情都具有扭曲性。在投射性移情中，一个人把自己的情绪和感知放在另外一个人身上；在内投射性移情中，一个人把另外一个人的人格特征内化成自己的并表现出来。请见：

Melanie Klein, "The Origins of Transference", *International*

Journal of Psychoanalysis, 1952, 33, 433–438;

Hanna Segal, *Introduction to the Work of Melanie Klein*, New York: Basic Books, 1964;

Heinrich Racker, *Transference and Countertransference*, New York: International University Press, 1968.

还有人按照起源时间把移情分为三类，一个基于先天遗传，一个基于早期经历，一个基于当前关系。

Joseph Sandler, Christopher Dare, and Alex Holder, *The Patient and the Analyst: The Basis of the Psychoanalytic Process*, New York: International University Press, 1970;

Joseph Sandler, Alex Holder, Marie Kawenoka, Hanna Engl Kennedy, and Lily Neurath, "Notes on Some Theoretical and Clinical Aspects of Transference", *International Journal of Psychoanalysis*, 1969, 50, p. 639.

还有人区分出基体性（matrix）移情和反应性（reactive）移情，它们位于同一纬度的两极，前者基于最早的体验，后者基于最近的体验。请见：

Robert Langs, *The Therapeutic Interaction*, 2vols, New York: Jason Aronson, 1976.

还有人把移情分为企图伤害他人型，请见：

Harold F. Searles, *Collected Papers on Schizophrenia and the Hardest Part of Analysis*, New York: International Universities Press, 1965;

Brian Bird, "Notes on Transference: Universal Phenomenon

and the Hardest Part of Analysis", *Journal of the American Psychoanalytic Association*, 1972, 20, 267-301;

Robert Langs, *The Therapeutic Interaction*, 2vols, New York: Jason Aronson, 1976.

和企图帮助他人型，请见：

Margaret Little, "Countertransference and the Patient's Response to It", *International Journal of Psychoanalysis*, 1951, 33, 32-40;

Harold F. Searles, *Collected Papers on Schizophrenia and the Hardest Part of Analysis*, New York: International Universities Press, 1965;

Robert Langs, *The Therapeutic Interaction*, 2vols, New York: Jason Aronson, 1976.

很多研究者强调了移情过程中的人际依赖关系，请见：

D. W. Winnicott, *Through Pediatics to Psychoanalysis*, New York: Basic Books, 1975;

Michael Balint, *The Basic Fault: Therapeutic Aspects of Regression*, London: Tavistock, 1968.

14. Heinz Kohut, *The Analysis of the Self*, New York: International Universities Press, 1971.

15. Heinz Kohut, *The Analysis of the Self*, New York: International Universities Press, 1971.

16. 想了解自恋的经理人，请见：

Manfred F. R. Kets de Vries, "Leadership in een narcistisch

tijdperk," *Management Totaal*, 1981, 5, 20-25.

想进一步追根溯源，请见工作论文：

" Leadership in a Narcissistic Age ", *Faculty of Management*, Montreal: McGill University, 1980.

17. 请见：

Michael Maccoby, *The Gamesman*, New York: Simon & Schuster, 1976.

18. 想详细了解这一过程，请见：

Otto Kernberg, *Boderline Conditions and Pathological Narcissism*, New York: Jason Aronson, 1975.

19. Otto Fenichel, *The Psychoanalytic Theory of Neurosis*, New York: Norton, 1945.

20. 想了解权力的心理维度，请见：

Abraham Zaleznik and Manfred F. R. Kets de Vries, *Power and the Corporate Mind*, Boston: Houghton Mifflin, 1975;

Manfred F. R. Kets de Vries, *Organizational Paradoxes: Clinical Approaches to Management*, London: Tavistock, 1980.

第4章

1. Gregory Bateson, Don D. Jackson, Jay Haley, and John H. Weakland, "Toward a Theory of Schizophrenia", *Behavioral Science*, 1956, 1, 251-264.

2. Lyman C. Wynne, Irving M. Ryckoff, Juliana Day, and

Stanley I. Hirsch, Pseudo-Mutuality in the Family Relations of Schizophrenics", *Psychiatry*, 1958, 21, 205–220.

3. 研究这些不良家庭关系的文献有很多，例如，请见：

Don D. Jackson, "The Question of Family Homeostasis", *Psychiatric Quaterly Supplement*, 1957, 3, 79–90, pt. 1;

Don D. Jackson, "Interactional Psychotheropy", in Morris I. Stein (ed.) *Contemporary Psychotherapies*, New York: Free Press, 1962;

Don D. Jackson, "The Study of the Family", *Family Process*, 1965, 4, 1–20;

Don D. Jackson, *The Mirages of Marriage*, New York: Norton, 1968;

Theodore Lidz, "The Influence of Family Studies on the Treatement of Schizophrenia", *Psychiatry*, 1969, 32, 237–251;

Theodore Lidz, Alice Cornelison, Stephen Fleck, and Dorothy Terry, "The Intrafamilial Environment of Schizophrenic Patients: II. Marital Schism and Marital Skew", *American Jouranl of Psychiatry*, 1957, 114, 241–248;

Theodore Lidz, Alice Cornelison, Dorathy Terry, and Stephen Fleck, "Intrafamilial Environment of Schizophrenic Patients: VI. The Transmission of Irrationality", *A. M. A*, *Archives of Neurology and Psychiatry*, 1958, 79, 305–316;

Jay Haley, "The Family of the Schizophrenic: A Model System", *Journal of Nervous and Mental Disease*, 1959, 129, 357–374;

Jay Haley, *Strategies of Psychotherapy*, New York: Grune & Stratton, 1963;

Jay Haley, "Research on Family Patterns: An Instrument Measurement", *Family Process*, 1964, 3, 41–65;

Jay Haley, *Problem-Solving Therapy: New Strategies for Effective Family Therapy*, San Franciso: Jossey-Bass, 1976;

Albert E. Scheffen, "Regressive One-to-One Relationships", *Psychiatric Quarterly*, 1960, 23, 692–709;

M. Ackerman, *Treating the Troubled Famlily*, New York: Basic Books, 1966;

Paul Watzlawick, Janet Helmick Beavin, and Don D. Jackson, *Pragmatics of Human Communication*, New York: Norton, 1967;

Salvatore Minuchin, *Families and Family Therapy*, Cambridge, Mass.: Harvard University Press, 1974;

Mara Selvini Palazzoli, Gianfranco Cecchin, Giulina Prata, and Luigi Boscolo, *Paradox and Counterparadox*, New York: Jason Aronson, 1978;

Lynn Hoffman, *Foundations of Family Therapy*, New York: Basic Books, 1981;

J. Boszormenyi Nagy and G. Spark, *Invisible Loyalities*, *Reciprocity in Inter-Generational Family Therapy*, New York: Harper

& Row, 1973;

Gerald R. Weeks and Lucciano L'Abate, *Paradoxical Psychotherapy: Theory and Practice with Individials, Couples, and Families*, New York: Brunner/Mazel, 1982.

4. 请见:

Carlos E. Sluzki, Janet Beavin, Alejandro Tarnopolsky, and Eliseo Veron, "Transactional Disqualification: Research on the Double Bind", in P. Watzlawick and J. Weakland (ed.), *The Interactional View*, New York: Norton, 1977.

5. 请见:

Theodore Lidz, Alice Cornelison, Dorathy Terry, and Stephen Fleck, "Intrafamilial Environment of Schizophrenic Patients: VI. The Transmission of Irrationality", *A. M. A, Archives of Neurology and Psychiatry*, 1958, 79, 305-316;

Ronald D. Laing, "Mystification, Confession, and Conflict", in J. Boszormenyi Nagy and G. Spark (ed.), *Invisible Loyalities, Reciprocity in Inter-Generational Family Therapy*, New York: Harper & Row, 1973.

6. 请见:

Harold F. Searles, "The Effort to Drive the Other Person Crazy-An Element in the Aetiology and Psychotherapy of Schizophrenia", *British Journal of Medical Psychology*, 1959, 32, 1-18, pt. 1;

Margaret S. Mahler, Fred Pine, and Anni Bergman, *The*

Psychological Birth of the Human Infant, New York: Basic Books, 1975.

7. 请见:

Salvatore Minuchin, *Families and Family Therapy*, Cambridge, Mass.: Harvard University Press, 1974.

8. 请见:

Harold F. Searles, "The Effort to Drive the Other Person Crazy-An Element in the Aetiology and Psychotherapy of Schizophrenia", *British Journal of Medical Psychology*, 1959, 32, 1-18, pt. 1.

9. 请见:

Antonio J. Ferreira, "Family Myth and Homeostasis", *Archives of General Psychiatry*, 1963, 9. 457-463;

Helm Stierlin, "Group Fantasies and Family Myths—Some Theoretical and Practical Aspects", *Family Process*, 1973, 12, 111-125.

10. 请见:

Theodore Lidz, Alice Cornelison, Dorathy Terry, and Stephen Fleck, "Intrafamilial Environment of Schizophrenic Patients: VI. The Transmission of Irrationality", *A. M. A, Archives of Neurology and Psychiatry*, 1958, 79, 305-316.

11. 请见:

Lyman C. Wynne, Irving M. Ryckoff, Juliana Day, and Stanley I. Hirsch, "Pseudo-Mutuality in the Family Relations of

Schizophrenics”, *Psychiatry*, 1958, 21, 205-220.

12. 请见：

Murray Bowen, “The Use of Family Theory in Clinical Practice”, *Comprehensive Psychiatry*, 1966, 7, 345-374;

Bowen, *Family Therapy in Clinical Practice*, New York: Jason Aronson, 1978.

13. 请见：

Salvatore Minuchin, *Families and Family Therapy*, Cambridge, Mass.: Harvard University Press, 1974.

14. 请见：

Stierlin, *Separating Parents and Adolescents*.

15. 请见：

Stierlin, *Separating Parents and Adolescents*.

16. 请见：

Stierlin, *Separating Parents and Adolescents*, p. xii.

17. 请见：

Stierlin, *Separating Parents and Adolescents*, p. xiii.

18. 请见：

Stierlin, *Separating Parents and Adolescents*, p. xii-xiii.

19. 请见：

Stierlin, *Separating Parents and Adolescents*, p. 52.

20. 想详细了解这一过程，请见：

Ezra F. Vogel and Norman W. Bell, “The Emotionally Disturbed Child as the Family Scapegoat”, in Norman W. Bell and

Ezra F. Vogel, *A Modern Instroduction to the Family*, New York: Fress Press, 1968;

John Zinner and Roger Shapiro, "Projective Identification as a Mode of Perception and Behavior in Families of Adolescents", *International Journal of Psychonanalysis*, 1972, 53, 525–530;

John Zinner and Roger Shapiro, "The Family Group as a Single Psychia Entity: Implications for Acting Out in Adolescence", *International Review of Psychoanalysis*, 1974, 1, 169–186;

Stierlin, *Separating Parents and Adolescents*;

Lynn Hoffman, *Foundations of Family Therapy*, New York: Basic Books, 1981.

21. 想进一步了解双重束缚现象，请见：

Gregory Bateson, Don D. Jackson, Jay Haley, and John H. Weakland, "Toward a Theory of Schizophrenia", *Behavioral Science*, 1956, 1, 251–264;

Milton M. Berger (ed.), *Beyond the Double Bind*, New York: Brunner/Mazel, 1978.

22. Joseph Heller, *Catch*–22, New York: Dell, 1974.

23. Joseph Heller, *Catch* – 22, New York: Dell, 1974, p. 23.

24. 想进一步了解二人疯现象，请见：

Manfred F. R. Kets de Vries, "Managers Can Drive Their Subordinates Mad", *Havard Business Review*, 1979, July-Auguest, 125–135;

Manfred F. R. Kets de Vries, *Organizational Paradoxes: Clinical Approaches to Management*, London: Tavistock, 1980.

25. Menzies 在一篇有关综合医院护理服务的研究中指出了，有些管理者是如何运用“故意模糊正式职责的划分”来应对焦虑的。

Izabel E. P. Menzies, “A case Study in the Functioning of Social Systems as a Defense Against Anxiety”, *Human Relations*, 1960, 13, 95-121.

26. 请见：

Stierlin, *Separating Parents and Adolescents*.

第 5 章

1. 请见：

Manfred F. R. Kets de Vries, Danny Miller, Jean-Marie Toulouse, Peter Friesen, Maurice Boivert, and R. Theriault, “Using the Life Cycle to Anticipate Satisfaction at Work”, *Journal of Forecasting*, Fall 1984 (in press).

2. Edwin A. Locke, “The Nature and Causes of Job Satisfaction”, in Marvin D. Dunnette (ed.), *Handbook of Industrial and Organizational Psychology*, Chicago: Rand McNally, 1976, p. 129.

3. 有很多关于到底是线性关系还是曲线关系的争论，请见：

S. D. Saleh and J. L. Otis, "Age and Level of Job Satisfaction", *Personnel Psychology*, 1964, 17, 425–430;

C. L. Hulin and P. C. Smith, "A Linear Model of Job Satisfaction", *Journal of Applied Psychology*, 1965, 49, 209–216;

G. P. Fournet, M. K. Distefano, and M. W. Pryer, "Job Satisfaction: Issues and Problems", *Personnel Psychology*, 1966, 19, 165–184;

L. H. Lofquist and R. V. Dawis, *Adjustment to Work*, New York: Appleton-Century-Crofts, 1969;

J. L. Gibson and S. M. Klein, "Employee Attitudes as a Function of Age and Length of Service: A Reconceptualization", *Academy of Management Journal*, 1970, 13, 411–425;

J. W. Hunt and P. N. Saul, "The Relationship of Age, Tenure, and Job Satisfaction in Males and Females", *Academy of Management Journal*, 1975, 18, 690–702.

4. 请见:

J. A. Weitz, "A Neglected Concept in the Study of Job Satisfaction", *Personnel Psychology*, 1952, 5, 201–205;

Patricia C. Smith, "The Predication of Individual Differences in Susceptibility to Industrial Monotony", *Journal of Applied Psychology*, 1955, 39, 322–329;

A. W. Kornhauser, *Mental Health and the Industrial Worker: A Detroit Study*, New York: Wiley, 1965;

B. Iris and G. V. Barrett, "Some Relations Between Job and

Life Satisfaction and Job Importance", *Journal of Applied Psychology*, 1972, 56, 301-304;

C. Buher, "General Structures of Human Life Cycle", in C. Buhler and F. Mesarick, *The Course of Life*, New York: Springer, 1968.

5. 请见:

Sigmund Freud, "Three Essays on the Theory of Sexuality", *Stand Edition*, vol. 7, 1905;

Margret S. Mahler, Fred Pine, and Anni Bergman, *The Psychological Birth of the Human Infant*, New York: Basic Books, 1975.

6. Erik H. Erikson, *Identity and the Life Cycle: Selected Papers*, New York: International Universities Press, 1959;

Erik H. Erikson, *Childhood and Society*, 2nd ed., New York: Norton, 1963.

7. Robert W. White, *Lives in Progress*, New York: Holt, Rinehart and Winston, 1966.

8. Else Frenkel-Brunswik, "Adjustments and Reorientation in the Course of the Life Span", in B. Neugarten (ed.), *Milddle Age and Aging*, *Chicago*: University of Chicago Press, 1968.

9. Daniel, J. Levinson, Charlotte M. Darrow, Edward B. Klein, Maria H. Levinson and Braxton McKee, "The Psychosocial Development of Men in Early Adulthood and the Mid-life Transition", *in Life History Research in Psychopathology*, vol. 3, Minne-

apolis: University of Minnesota Press, 1974, pp. 343–357;

Daniel J. Levinson, *The Seasons of a Man's Life*, New York: Knopf, 1978.

10. Roger L. Gould, "The Phase of Adult Life: A Study in Developmental Psychology," *American Journal of Psychiatry*, 1972, 129, 33–43;

Roger L. Gould, *Transformation: Growth and Change in Adult Life*, New York: Simon & Schuster, 1978.

11. George E. Vaillant, *Adaptation to Life*, Boston: Little, Brown, 1977.

12. 请见：

Lewis B. Ward and Anthony G. Athos, *Student Expectations of Corporate Life: Implications for Management Recruiting*, Boston: Division of Research, Graduate School of Business Administration, Harvard University, 1972;

Daniel C. Feldman, "A Practical Program for Employee Socialization", *Organizational Dynamics*, 1976 (Autumn), 64–80;

John P. Wanous, "Organizational Entry: From Naive Expectations to Realistic Beliefs", *Journal of Applied Psychology*, 1976, 61, 22–29;

Ross A. Webber, "Career Problems of Young Managers", *California Management Review*, 1976, 19, 19–33;

Meryl Reis Louis, "Surprise and Sense Making: What Newcomers Experience in Entering Unfamiliar Organizational Settings", *Administrative Science Quarterly*, 1980, 25, 226-249.

13. 请见：

Ian C. Ross and Alvin Zander, "Need Satisfaction and Employee Turnover", *Personnel Psychology*, 1957, 10, 327-338;

Marvin D. Dunnette, Richard D. Arvey, and Paul A. Banas, "Why Do They Leave", *Personnel*, 1973, 50, 25-39.

14. Edgar H. Schein, "The Individual, the Organization and the Career: A Conceptual Scheme", *Journal of Applied Behavior Science*, 1971, 7, 401-427.

15. Edgar H. Schein, "The Individual, the Organization and the Career: A Conceptual Scheme", *Journal of Applied Behavior Science*, 1971, 7, 401-427.

16. J. Rosenhaum, "Tournament Moblity: Career Patterns in a Corparation", *Administrative Science Quarterly*, 1979, 24, 220-241.

17. 请见：

Manfred F. R. Kets de Vries, Danny Miller, Jean-Marie Toulouse, Peter Friesen, Maurice Boivert, and R. Theriault, "Using the Life Cycle to Anticipate Satisfaction at Work", *Journal of Forecasting*, Fall 1984 (in press).

18. 请见：

Orville G. Brim, Jr., "Socialization Through the Life Cycle", in Orville G. Brim, Jr., and Stanton Wheeler (ed.),

Socialization After Childhood: Two Essays, New York: Wiley, 1966;

John Van Maanen, "Experiencing Organization: Notes on the Meaning of Careers and Socialization", in John Van Maanen (ed.), *Organizational Careers: Some New Perspectives*, New York: Wiley, 1977;

Daniel C. Feldman, "A Practical Program for Employee Socialization", *Organizational Dynamics*, 1976 (Autumn), 64-80;

Edgar H. Schein, *Career Dynamics Matching Individual and Organizational Needs*, Reading, Mass.: Addison-Wesley, 1980.

19. 请见:

Samuel A. Culbert and John J. McDonough, *The Invisible War: Pursuing Self-Interest at Work*, New York: Wiley, 1980.

20. 请见:

Chris Argyris, *International Individual and Organization*, New York: Wiley, 1964;

E. Lawler, *Motivation in Work Organizations*, Monterey, Calif.: Brooks/Cole, 1973.

21. Daniel, J. Levinson, Charlotte M. Darrow, Edward B. Klein, Maria H. Levinson and Braxton McKee, "The Psychosocial Development of Men in Early Adulthood and the Mid-life Transition", *in Life History Research in Psychopathology*, vol. 3, Minneapolis: University of Minnesota Press, 1974;

Daniel J. Levinson, *The Seasons of a Man's Life*, New York: Knopf, 1978.

22. Elliott Jaques, "Death and the Mid-Life Crisis", *International Journal of Psychoanalysis*, 1965, 46, 502–514.

23. Bernice L. Neugarten, "The Awareness of Middle Age", in B. L. Neugarten (ed.), *Middle Age and Aging*, Chicago: University of Chicago Press, 1968, p. 97.

24. Erik H. Erikson, *Childhood and Society*, 2nd ed., New York: Norton, 1963.

25. Cyril Sofer, *Men in Mid-Career*, Cambridge: Cambridge University Press, 1970.

26. B. Lawrence, "The Work of the Mid-Life Crisis", *Sloan Management Review*, 1980, 29, 35–49.

27. Roger L. Gould, *Transformation: Growth and Change in Adult Life*, New York: Simon & Schuster, 1978.

28. 请见：

Manfred F. R. Kets de Vries, "The Mid-Career Conundrum", *Organizational Dynamics*, 1978 (Autumn), 45–62.

29. Daniel, J. Levinson, Charlotte M. Darrow, Edward B. Klein, Maria H. Levinson and Braxton McKee, "The Psychosocial Development of Men in Early Adulthood and the Mid-life Transition", *in Life History Research in Psychopathology*, vol. 3, Minneapolis: University of Minnesota Press, 1974;

Daniel J. Levinson, *The Seasons of a Man's Life*, New York: Knopf, 1978.

30. 请见：

D. D. Miller and William H. Form, *Industrial Sociology*, New York: Harper & Row, 1951.

31. 请见：

Manfred F. R. Kets de Vries, *Organizational Paradoxes: Clinical Approaches to Management*, London: Tavistock, 1980, chap. 10.

32. 请见：

Peter C. Pineo, "Disenchantment in the Later Years of Marriage", in Neugarten (ed.), *Middle Age and Aging*;

Roger L. Gould, *Transformation: Growth and Change in Adult Life*, New York: Simon & Schuster, 1978.

33. 请见：

Carl G. Jung, "The Stages of Life", in J. Campbell (ed.), *The Portable Jung*, New York: Viking Press, 1971.

34. Erik H. Erikson, *Identity and the Life Cycle: Selected Papers*, New York: International Universities Press, 1959;

Erik H. Erikson, *Childhood and Society*, 2nd ed., New York: Norton, 1963.

35. 请见：

Jean-Marie Toulouse, *Les reussites quebécoises*: Défi des homes d'affaires, Montreal: Agence d'Arc, 1980.

第6章

1. 有人从精神分析角度讨论过阻抗，请见：

Anna Freud, *The Ego and the Mechanisms of Defense*, rev. ed. New York: International University Press, 1966;

Otto Fenichel, *The Psychoanalytic Theory of Neurosis*, New York: International University Press, 1945;

Charles Brenner, *An Elementary Textbook of Psychoanalysis*, New York: International University Press, 1955;

Charles Brenner, *Psychoanalytic Technique and Psychic Conflict*, New York: Norton, 1976;

Karl Mennigner, *Theory of Psychoanalytic Technique*, New York: Basic Books, 1958;

Ralph R. Greenson, *The Technique and Practice of Psychoanalysis*, New York: International University Press, 1967.

2. 在一般意义上，阻抗可以分为“自我型”、“超我型”和“本我型”。“自我型”阻抗来自“自我”，“自我”是精神分析中一个最基本的概念，代表心智的执行机构。“自我”努力协调本能与外部世界，以维持稳定的自平衡状态。

Sigmund Freud, “Inhibitions, Symptoms, and Anxiety”, Standard Edition, vol. 20, 1926.

在一般意义上，阻抗可以分为“本我型（id）”、“自我型（ego）”和“超我型（superego）”。根据弗洛伊德的精神分析理论，人格由本我、自我和超我三个基本结构组成。本我包含要求得到即时满足的一切本能驱动力，就像一口沸腾着各种欲望的大锅；它按照快乐原则行事，急切地寻找发泄口，一味追求满足。自我处于本我和超我之间，代表理性和机智，具有防卫和中介职能；它按照现实原则来行事，充当仲裁者，监督本我的动静，给予适当满足。超我代表良心、社会准则和自我理想，是人格的高层领导；它按照至善原则行事，对好行为给予奖赏（自豪感，自爱），对坏行为给予惩罚（罪恶感，自卑感）。来自本我的阻抗称作“本我型阻抗”，来自自我的阻抗称作“自我型阻抗”，来自超我的阻抗称作“超我型阻抗”。弗洛伊德认为，“自我型阻抗”通过对质、澄清、解释等技术就可以消除，而“本我型阻抗”必须通过“修通”才能消除。他还认为，“超我型阻抗”是分析师最难辨认和处置的一种阻抗。所以，我们讨论的主要是“本我型阻抗”和“自我型阻抗”。

Sigmund Freud, “Inhibitions, Symptoms, and Anxiety”, Standard Edition, vol. 20, 1926;

Sigmund Freud, “The Ego and the Id,”, Standard Edition, vol. 19, 1923;

Sigmund Freud, “Beyond the Pleasure Principle,”, Standard Edition, vol. 19, 1923;

Sigmund Freud, “Remembering, Repeating and Working Through”, Standard Edition, vol. 18, 1920.

精神分析学家还讨论移情型阻抗。正如大家在我们讨论移情时看到的那样，移情过程中，过去经历并非仅仅被回忆起来，而是被重新体验。来访者似乎陷入了某种刻板的行为模式，而且并不愿意识到自己为什么陷入这种刻板的行为模式，“行动”代替了“思考”。移情阻抗，不仅妨碍来访者做出改变，而且导致来访者一再出现那种不利于成长的行为。Menninger把这种形式的阻抗称作“挫折型（frustration）”或“报复型（revenge）”阻抗，因为来访者经常通过让关键人失望或者沮丧来表达敌意。这里的关键人经常代表着童年时期的父母。因为我们已经集中讨论过移情及其成因和影响，所以这里我们把焦点放在其他类型的阻抗上。

3. 请见：

Anna Freud, *The Ego and the Mechanisms of Defense*, rev. ed. New York: International University Press, 1966;

Charles Brenner, *An Elementary Textbook of Psychoanalysis*, New York: International University Press, 1955.

4. 请见：

Anna Freud, *The Ego and the Mechanisms of Defense*, rev. ed. New York: International University Press, 1966;

Otto Fenichel, *The Psychoanalytic Theory of Neurosis*, New York: International University Press, 1945.

5. 请见：

Charles Brenner, *An Elementary Textbook of Psychoanalysis*, New York: International University Press, 1955;

John C. Nemiah, “The Dynamic Bases of Psychopathology”, in Armand M. Nicholi (ed.), *The Harvard Guide to Modern Psy-*

chiatry, Cambridge, Mass.: Belknap Press, 1978.

6. 请见:

Anna Freud, *The Ego and the Mechanisms of Defense*, rev. ed. New York: International University Press, 1966;

Charles Brenner, *An Elementary Textbook of Psychoanalysis*, New York: International University Press, 1955;

7. 请见:

Charles Brenner, *An Elementary Textbook of Psychoanalysis*, New York: International University Press, 1955;

John C. Nemiah, "The Dynamic Bases of Psychopathology", in Armand M. Nicholi (ed.), The Harvard Guide to Modern Psychiatry, Cambridge, Mass.: Belknap Press, 1978.

8. Anna Freud, *The Ego and the Mechanisms of Defense*, rev. ed. New York: International University Press, 1966, p. 113.

9. 请见:

Charles Brenner, *An Elementary Textbook of Psychoanalysis*, New York: International University Press, 1955.

10. 想了解有关泰勒人生的心理史研究，请见:

Sudhir Kakar, *Frederick Taylor: A Study in Personality and Innovation*, Cambridge, Mass.: M. I. T. Press, 1970.

11. 请见:

Sudhir Kakar, *Frederick Taylor: A Study in Personality and Innovation*, Cambridge, Mass.: M. I. T. Press, 1970, p. 20.

12. 请见:

Anna Freud, *The Ego and the Mechanisms of Defense*, rev. ed. New York: International University Press, 1966.

13. 请见:

Otto Fenichel, *The Psychoanalytic Theory of Neurosis*, New York: International University Press, 1945.

第7章

1. 想了解最好的临床取向组织诊断，请见:

Harry Levinson, *Organizational Diagnosis*, Cambridge, Mass.: Harvard University Press, 1972.

2. 想了解有关这些过程的讨论，请见:

Ralph R. Greenson, *The Technique and Practice of Psychoanalysis*, vol. 1, New York: International University Press, 1967;

Charles Brenner, *Psychoanalytic Technique and Psychic Conflict*, New York: Norton, 1976;

William M. Meissner and Armand M. Nicholi, "The Psychotherapies: Individual, Family and Groups", in Armand M. Nicholi (ed.), *The Harvard Guide to Modern Psychiatry*, Cambridge, Mass.: Belknap Press, 1978.

3. 请见:

Otto Fenichel, *Problems of Psychoanalytic Technique*, New York: Psychoanalytic Quarterly, 1941;

Edward Glover, *The Technique of Psychoanalysis*, New York:

International University Press, 1955;

Karl Mennigner, *Theory of Psychoanalytic Technique*, New York: Basic Books, 1958.

4. Sigmund Freud, "Remembering, Repeating, and Working Through", *Standard Edition* vol. 20, 1914;

Sigmund Freud, "Constructions in Analysis", *Standard Edition* vol. 23, 1937.

5. John Bowlby, *Attachment and Loss*: vol. 1, Attachment, vol. 2, *Seperation*, vol. 3, *Loss*, New York: Basic Books, 1969.

6. John Bowlby, *Attachment and Loss*: vol. 3 Loss, New York: Basic Books, 1969, p. 18.

7. John Bowlby, *Attachment and Loss*: vol. 3 Loss, New York: Basic Books, 1969, p. 85.

8. John Bowlby, *Attachment and Loss*: vol. 3 Loss, New York: Basic Books, 1969.

9. 在这个方面，对我们产生最大影响的文献有：

John Bowlby, *Attachment and Loss*: vol. 3 Loss, New York: Basic Books, 1969;

George H. Pollock, "Mourning and Adaptation", *International Journal of Psychoanalysis*, 1961, 42, 341-361;

G. Gorer, *Death, Grief, and Mourning in Contemporary Britain*, London: Tavistock, 1965;

G. Gorer, "Death, Grief, and Mourning in Britain", in E. J. Anthony and C. Koupernick (ed.), *The Child in His Family: The*

Impact of Disease and Death, New York: Wiley, 1973;

C. M. Parkes, "'Seeking' and 'Finding' a Lost Object: Evidence from Recent Studies of the Reaction of Bereavement", *Social Science and Medicine*, 1970, 4, 187-201;

C. M. Parkes, Bereavement: *Studies of Gief in Adult Life*, New York: International Universities Press, 1972;

C. M. Parkers, "Unexpected and Untimely Bereavement: A Statistical Study of Young Boston Wildows", in B. Schoenberg and others (ed.) *Bereavement: Its Psychosocial Aspects*, New York: Columbia University Press, 1972;

Peter Marris, *Widows and Their Families*, London: Routledge & Kegan Paul, 1958;

Peter Marris, *Loss and Change*, London: Routledge & Kegan Paul, 1974;

Erich Lindemann, *Beyond Grief: Studies in Crisis Intervention*, New York: Jason Aronson, 1979 .

10. 请见:

John Bowlby, "Processes of Mourning", *International Journal of Psychoanalysis*, 1961, 42, 317-340;

C. M. Parkes, *Bereavement: Studies of Gief in Adult Life*, New York: International Universities Press, 1972.

11. 请见:

Peter Marris, *Widows and Their Families*, London: Routledge & Kegan Paul, 1958;

John Bowlby, "Grief and Mourning in Infancy and Early Adulthood", *Psychoanalytic Study of the Child*, 1960, 15, 9-52;

John Bowlby, "Processes of Mourning", *International Journal of Psychoanalysis*, 1961, 42, 317-340;

John Bowlby, "Pathological Mourning and Childhood Mourning", *Journal of the American Psychoanalytic Association*, 1961, 11, 500-541;

C. M. Parkes, *Bereavement: Studies of Grief in Adult Life*, New York: International Universities Press, 1972;

C. M. Parkers, "Unexpected and Untimely Bereavement: A Statistical Study of Young Boston Wildows", in B. Schoenberg and others (ed.) *Bereavement: Its Psychosocial Aspects*, New York: Columbia University Press, 1972.

12. 请见:

I. O. Glick, R. S. Weiss, and C. M. Parkes, *The First Year of Bereavement*, New York: Wiley, 1974;

G. Gorer, *Death, Grief, and Mourning in Contemporary Britain*, London: Tavistock, 1965;

C. M. Parkes, *Bereavement: Studies of Grief in Adult Life*, New York: International Universities Press, 1972.

13. 请见:

I. O. Glick, R. S. Weiss, and C. M. Parkes, *The First Year of Bereavement*, New York: Wiley, 1974;

G. Gorer, *Death, Grief, and Mourning in Contemporary Brit-*

ain, London: Tavistock, 1965;

C. M. Parkes, *Bereavement: Studies of Grief in Adult Life*, New York: International Universities Press, 1972;

Peter Marris, *Widows and Their Families*, London: Routledge & Kegan Paul, 1958.

14. 请见:

John Bowlby, "Pathological Mourning and Childhood Mourning", *Journal of the American Psychoanalytic Association*, 1961, 11, 500-541;

Erich Lindemann, *Beyond Grief: Studies in Crisis Intervention*, New York: Jason Aronson, 1979.

第8章

1. 想了解工作联盟或者治疗联盟，请见:

Elisabeth R. Zetzel, "Current Concepts of Transference", *International Journal of Psychoanalysis* , 1956, 37, 369-378;

Elisabeth R. Zetzel, "The Analytic Situation", in R. E. Litman (ed.) *Psychoanalysis in the Americans*, New York: International Universities Press, 1966;

Homer C. Curtis, "The Concept of Therapeutic Alliance: Implications for the 'Widening Scope' ", *Journal of the American Psychoanalytic Association*, 1979, 27, 159-192, supplement.

2. 请见:

William M. Meissner and Armand M. Nicholi, "The Psychotherapies: Individual, Family, and Groups", in Armand M. Nicholi (ed.), *The Harvard Guide to Modern Psychiatry*, Cambridge, Mass.: Belknap Press, 1978.

3. 想了解悖论干预技术，特别是家庭治疗中的悖论干预技术，请见：

Paul Watzlawick, Janet Helmick Beavin, and Don D. Jackson, *Pragmatics of Human Communication*, New York: Norton, 1967;

Paul Watzlawick, John H. Weakland, and Richard Fisch, *Change: Principles of Problem Formation and Problem Resolution*, New York: Norton, 1974;

Mara Selvini Palazzoli, GianFranco Cecchin, Giuliana Prata, and Luigi Boscolo, *Paradox and Couterparadox*, New York: Jason Aronson, 1978;

Gerald R. Weeks and Luciano L'Abate, *Paradoxical Psychotheorapy: Theory and Practice with Individuals*, Couples, and Families, New York: Brunner/Mazel, 1982;

Richard Fisch, John H. Weakland, and Lynn Segal, *The Tactics of Change: Doing Therapy Briefly*, San Francisco: Jossey-Bass, 1982.

第 9 章

1. 想详细了解巴林特小组，请见：

Michael Balint, *The Doctor, His Patient, and the Illness*, New York: International Universities Press, 1957.

曼弗雷德管理思想经典文库

乘坐领导力的过山车：
日常工作中的领导力心理学

ISBN：978-7-5207-0772-5
定价：68.00 元

领导力童话：
领导力的五个致命危险

ISBN：978-7-5207-0771-8
定价：58.00 元

领导者、傻瓜和骗子：
曼弗雷德谈领导力心理学

ISBN：978-7-5207-0773-2
定价：68.00 元

领导者是天生的吗：
亚历山大大帝领导力案例研究

ISBN：978-7-5207-0807-4
定价：58.00 元

神经质组织：
引领组织变革的成功之道

ISBN：978-7-5060-9398-9
定价：68.00 元

幸福等式：
幸福与成功沉思录

ISBN：978-7-5207-0719-0
定价：58.00 元

正念领导力：
洞悉人心的管理秘诀

ISBN：978-7-5060-8989-0
定价：49.90 元

性、金钱、幸福与死亡
(精装版)

ISBN：978-7-5060-9148-0
定价：55.00 元

性格与领导力反思

ISBN：978-7-5060-8299-0
定价：49.90 元

领导力与职业生涯反思

ISBN：978-7-5060-8300-3
定价：49.90 元

组织的反思

ISBN：978-7-5060-9399-6
定价：58.00 元

恐惧领导力：
在阁楼里发现夏卡·祖鲁

ISBN：978-7-5060-9389-7
定价：68.00 元

刺猬效应：
打造高绩效团队的秘诀(精装版)

ISBN：978-7-5060-9649-2
定价：68.00 元

有毒的管理者：
高管教练的挑战

ISBN：978-7-5207-0774-9
定价：58.00 元

领导力的奇境历险：
日常生活中的领导力心理学

2019 年 10 月出版